LES MISSIONNAIRES

DE LA NOUVELLE-CALÉDONIE

Le P. Ch. Laurent, S. M.

LES MISSIONNAIRES

DE LA NOUVELLE-CALÉDONIE

AU SUJET DE

L'ENQUÊTE ADMINISTRATIVE DE WAGAP

Publiée au « Journal Officiel de Nouméa » le 6 Janvier 1900

RÉPONSE

ET DÉFENSE DE LA MISSION

PARIS

TYPOGRAPHIE FIRMIN-DIDOT ET Cⁱᵉ

56, RUE JACOB, 56

Le P. Ch. Laurent, S. M.

LES MISSIONNAIRES

DE LA NOUVELLE-CALÉDONIE

AU SUJET DE

L'ENQUÊTE ADMINISTRATIVE DE WAGAP

Publiée par « Journal Officiel de Nouméa » le 6 Janvier 1900

RÉPONSE

ET DÉFENSE DE LA MISSION

PARIS

TYPOGRAPHIE FIRMIN-DIDOT ET Cⁱᵉ

56, RUE JACOB, 56

LES MISSIONNAIRES

D E

LA NOUVELLE-CALÉDONIE

« Quand, le 28 septembre 1853, *le Phoque*, un petit aviso à roues de la marine de l'État, longeant la ceinture de coraux qui rattache, comme par une double lisière, l'île des Pins à la Nouvelle-Calédonie, contourna la pointe méridionale de l'île, la nuit allait tomber et l'esprit du contre-amiral Febvrier des Pointes, commandant de la station navale du Pacifique, était dévoré d'anxiété.

« Il arrivait, en toute hâte, du Callao et de Tahiti, muni de mystérieuses instructions du gouvernement de Napoléon III, qui lui prescrivaient de prendre possession de la Nouvelle-Calédonie, mais d'éviter à tout prix d'entrer en contestations avec les Anglais. Six jours auparavant, il avait mouillé, près de la Grande-Terre, dans la baie de Pouebo et, le 24, à Balade, sur un sol presque français déjà, puisque la petite maison des missionnaires s'y élevait, il avait solennellement planté le drapeau tricolore et pris, au nom de la France, possession de la Nouvelle-Calédo-

nie. Mais des renseignements donnés par les Pères maristes, établis dans l'île depuis dix ans, avaient inquiété
l'amiral. Par une étrange fortune, le jour même où la fu-
mée du *Phoque* était apparue à l'horizon, le P. Mon-
trouzier, aussi savant naturaliste qu'apôtre admirable,
avait reçu, par un bateau caboteur, une lettre d'un
entomologiste australien, son correspondant, qui lui annonçait le très prochain envoi de plantes et d'insectes par
un navire de guerre britannique en partance pour la
Nouvelle-Calédonie. L'amiral, aussitôt, avait levé l'ancre,
rangé la barrière de coraux qui borde la côte orientale de
la Calédonie et mis le cap sur l'île des Pins, où, au dire
des missionnaires, fréquentaient les négociants britanni-
ques et où régnait un chef important : les Anglais étaient
gens, s'ils avaient déjà planté là leur drapeau, à réclamer
la Grande-Terre comme une dépendance de la petite île,
et l'amiral, pénétré de ses instructions, ne voulait pas
d'affaires... Au moment où la rade se découvrit aux yeux
des Français, une corvette de guerre britannique y était
à l'ancre. Arrivait-on trop tard? Tout de suite il fallait
savoir si les Anglais avaient pris possession de l'île; l'a-
miral hésitait à s'engager à l'heure du crépuscule dans
une passe dangereuse; mais un jeune élève, M. Amet,
connaissait déjà ces parages difficiles; sans hésiter, aux
dernières lueurs du jour, il pilote l'aviso dans l'étroit
chenal et vient mouiller non loin du bâtiment étranger. Dès que la nuit est close, ce même officier quitte
le bord, dans un canot, franchit heureusement la ligne
des récifs, aborde au rivage et, guidé par sa boussole,
parvient à la maison de la Mission, où il trouve le supérieur, le P. Goujon; ensemble ils reviennent au *Phoque*,

réveillent l'amiral et lui apprennent que les Anglais, venus pour négocier l'achat de l'île, — ils s'en étaient imprudemment vantés, — n'avaient encore rien conclu avec le chef. Il était encore temps d'agir. Le missionnaire, en pleine obscurité et au péril de sa vie, regagne la terre, va trouver le chef Vendegou, son ami, et le presse de mettre son île sous la protection de la France; le Canaque, confiant dans la loyauté du prêtre et comprenant que, s'il n'accueille pas les Français, il lui faudra subir les exigences des Anglais, qu'il déteste, se rend aux instances du P. Goujon. A l'aube, un signal appelle les officiers du *Phoque,* l'amiral débarque; craignant d'éveiller les soupçons des Anglais, il n'a pas arboré son pavillon de commandement et il est descendu à terre en costume civil; un aide de camp l'a précédé, emportant son uniforme. On arrive à la case des missionnaires; l'amiral endosse son habit chamarré de dorures et de décorations, fait hisser le drapeau national et signe le procès-verbal officiel de prise de possession.

« Les Anglais, occupés à des travaux d'hydrographie, avaient bien vu l'aviso; les visites d'usage avaient même été échangées, mais ils n'avaient rien soupçonné de la petite scène qui s'était jouée presque sous leurs yeux; quand le navire fut parti, le capitaine du *Herald* fit venir à son bord le chef Vendegou, exhiba devant lui de superbes présents et lui demanda de vendre son île à la Grande-Bretagne. « C'est trop tard, » répondit le Canaque, et il montra le pavillon français. Furieux, l'officier, qui tenait dans ses bras la petite fille du chef, la laissa tomber et fit jeter par-dessus bord le pauvre roi, que ce bain inattendu ne rendit pas plus sympathique à l'endroit des Anglais.

Honteux et dépité, le commandant du *Herald* cingla vers Sydney et s'en fut conter sa mésaventure à son commodore. Le malheureux gardait en poche depuis plusieurs mois l'ordre d'occuper la Nouvelle-Calédonie ; en apprenant la fatale nouvelle, il tomba foudroyé.

« C'est ainsi que la France acquit la Nouvelle-Calédonie par l'énergie et le patriotisme de ses marins et de ses missionnaires. Déjà, des uns et des autres, plusieurs avaient péri sur les récifs de ces côtes inhospitalières ou sous les coups des indigènes, et leur sang versé avait fait cette terre française avant qu'y flottât le drapeau tricolore (1). Les missionnaires, en travaillant à ouvrir au Christ l'accès de ces âmes primitives, avaient, du même coup, préparé les voies à la France ; les marins, qui avaient les premiers exploré ces parages dangereux, en avaient aussi, par leur audace prudente, assuré à notre patrie la possession. Ainsi tous avaient collaboré à cette double action conquérante et civilisatrice qui a été et qui est encore l'honneur de notre race dans son expansion d'outre-mer (2). »

Les Pères Maristes étaient donc en Nouvelle-Calédonie avant l'arrivée des Français. C'est à leur influence, à leur initiative et à leur action personnelle que nous devons cette belle colonie que les Anglais nous envient et que l'influence protestante cherché à nous enlever.

Après l'occupation de la Calédonie, les missionnaires

______

(1) Il faut lire, dans l'émouvant récit du P. de Salinis (*Marins et missionnaires, Conquête de la Nouvelle-Calédonie*, 1843-53. Victor Retaux, 1892), l'histoire écrite d'après des témoins oculaires, de la prise de possession de l'île par la France.

(2) René Pinon, *Revue des Deux-Mondes*, 13 avril 1900.

Maristes se rallièrent toujours, sans arrière-pensée, aux différents régimes que la France se donnait, et leur patriotisme ne se ralentit jamais. C'est ce qu'attestent le témoignage des officiers qui ont commandé la station du Pacifique et les relations des auteurs qui ont écrit sans prévention.

Cependant, depuis quelques années, on fait à ces missionnaires une guerre inexplicable, « acharnée ».

M. Feillet règne en Nouvelle-Calédonie, depuis cinq ans, plus autoritaire et plus puissant que ne le fut jamais Louis XIV.

Il semble qu'il y soit allé dans un double but : promouvoir la colonisation libre, et chasser Mgr Fraysse.

Il a beaucoup travaillé et il s'est dépensé corps et âme pour atteindre l'un et l'autre but.

Pour la colonisation libre, qu'il n'a cependant pas inventée, il a beaucoup fait, un peu de travers parfois, et sans assez de prudence; mais sûrement avec un zèle que nous sommes heureux de reconnaître.

Quant à son second but, on se demande pourquoi il se l'est donné et pourquoi il a mis tant d'acharnement à le poursuivre.

L'évêque avait le tort, bien pardonnable cependant, de lui déplaire. « Vous voyez cette main, disait-il à quelqu'un qui en causait avec lui, elle ne touchera jamais celle de l'évêque. » Pourquoi cela? Mgr Fraysse cependant est un vieux Calédonien, et il avait toujours vécu en parfaite harmonie avec tous les autres Gouverneurs.

M. Feillet s'adressa d'abord au Ministère des Colonies. On lui donna tort. Il manda le Visiteur des PP. Maristes de Sydney, et lui promit, en retour du déplacement de l'évêque, je ne sais quelles faveurs administratives. Là aussi il échoua, car on ne pouvait rien reprocher à Mgr Fraysse.

Furieux, il fit venir de l'île des Pins les *teachers*, catéchistes protestants, que ses prédécesseurs n'avaient jamais voulu recevoir, parce qu'ils faisaient trop ouvertement le jeu de l'Angleterre, et il les installa sur la grande terre.

Quelque temps après, à l'occasion de quelques événements grossis à dessein, il demanda un inspecteur et lui confia une enquête. L'inspecteur, M. Arnaud, revint avec un rapport que M. Feillet annonçait triomphalement dans un discours solennel. Aujourd'hui, le rapport est affiché dans toute la Colonie, comme un discours de Ministre en France. On le dit écrasant. Nous ne le croyons pas ; on en aurait parlé depuis longtemps.

Au besoin, nous y reviendrons.

L'impôt de capitation, *applicable aux seuls indigènes,* fournit une nouvelle occasion d'accuser la Mission.

Désavoué par le Ministre, cet impôt fut maintenu quand même par le tout-puissant Gouverneur, qui en confia la perception à des hommes triés sur le volet. Ceux-là crurent bien servir leur maître en traitant les pauvres Canaques avec la dernière violence.

Il y eut des difficultés. Une enquête fut nommée pour examiner les faits ; en réalité, pour chercher à établir la culpabilité des Missionnaires. Elle ne faillit pas à sa tâche, et donna un long rapport que M. Feillet, contre toute légalité peut-être, et certainement contre toute convenance, fit publier dans le *Journal Officiel de Nouméa.*

Mais comme tout le monde en France ne lit pas *l'Officiel de Nouméa*, M. Feillet fit mettre le rapport en brochure et le distribua à tous ceux qu'il avait besoin de gagner à sa cause : Ministres, Députés, Sénateurs, Journalistes, en passant, bien entendu, par le Grand Orient, qui ne pouvait pas être oublié en pareille circonstance : « il jouait son dernier atout ».

En stratégiste habile, M. Feillet avait encore pris une autre précaution. Avant de partir pour la France, au moment même où la peste se déclarait en Nouvelle-Calédonie, il avait fait voter une pétition par un groupe de Conseillers généraux, qui demandaient purement et simplement la sécularisation de la Colonie et votaient, séance tenante, les fonds nécessaires pour le traitement d'un clergé séculier. Notez que la Nouvelle-Calédonie ne se suffit pas à elle-même et coûte, chaque année, 500.000 fr. à la France. (*Questions diplomatiques et coloniales*, 1 mai 1900, p. 525.)

Jusqu'ici la Mission n'a rien répondu, se fiant à son bon droit, aux services rendus et à la justice du Ministre des Colonies. Puisque M. Feillet, passant par-dessus la tête de son chef hiérarchique, s'adresse à l'opinion publique, le moment nous semble venu de le suivre sur ce terrain.

Forts de notre conscience, nous l'y suivrons sans faiblir.

A l'enquête officielle, qui concluait perfidement à la culpabilité des Missionnaires, on a opposé une contre-enquête. Celle-là, conduite avec calme et impartialité, a remis les faits dans leur vrai jour.

Nous l'empruntons aux journaux de Nouméa, pour

la placer aujourd'hui sous les yeux de ceux qui s'intéressent à l'avenir politique et religieux de la Calédonie, et aussi de ceux qui ont quelque souci des égards que l'on doit à des hommes devenus Français comme nous, fussent-ils des Canaques de Wagap ou de Tiéti.

CONTRE-ENQUÊTE

EN RÉPONSE

A L'ENQUÊTE ADMINISTRATIVE DE WAGAP

AVANT-PROPOS

Envisager l'affaire administrative, dans laquelle la Mission se trouve aujourd'hui si violemment prise à partie, avec les seuls documents de l'enquête, quelque volumineux qu'en soit le dossier, ce serait ne l'envisager que par un petit côté.

C'est d'une véritable campagne engagée par notre Gouverneur, M. Feillet, contre la Mission qu'il s'agit, et l'enquête n'est qu'une pièce à effet dans la mise en action, un acte du *scenario* pour nous servir du terme imagé de M. le Rapporteur. Elle a eu des antécédents et des subséquents. Nous embrasserons la question dans tout son ensemble.

Cette campagne a été dénoncée et a commencé le 18 novembre 1899.

La lettre, par laquelle M. le Ministre des Colonies, M. Decrais — sur les renseignements fournis par le Comité de défense des indigènes, — déclara illégal l'impôt de capitation sur les seuls indigènes, tel que le Conseil général l'avait voté et que M. Feillet le faisait percevoir — par un simple arrêté pris à ce sujet, à l'encontre

2

du décret 1895, — en fut la cause occasionnelle sinon déterminante.

C'est le 18 novembre que cette lettre ministérielle fut communiquée administrativement au Conseil général.

M. Feillet fit suivre cette communication d'une lettre personnelle dont nous regrettons de n'avoir pas le texte. D'après le journal officieux *la Calédonie*, elle se terminait par ces mots et cet appel agressif :

Il serait temps de montrer en pleine lumière le rôle de ceux qui inspirent et documentent d'ici même le Comité de défense des indigènes. Ils ont le même scrupule et la même bonne foi que ceux qui ont documenté le Parlement avec la désormais célèbre brochure : *Funeste faveur.*

La question placée sur ce terrain provoqua, ajoute le même journal, une discussion des plus animées.

Un conseiller, M. Puech, le porte-parole du parti, toutes les fois qu'il s'agit d'aboyer contre une soutane, ou une épaulette, accusa la Mission d'avoir documenté par l'intermédiaire de ses agents, le Comité des affaires indigènes, et, partant, d'avoir commis le crime de dénoncer au Ministre l'illégalité de l'impôt en question. En vain, deux conseillers protestent noblement contre les paroles de M. Puech ; en vain, ils déclarent que la Mission ne s'occupe pas plus de capitation que le Temple ou la Loge, et qu'il est regrettable de voir mêler les questions de religion à des discussions de cette nature ; le porte-parole du parti continue sa diatribe. Il y a, dit-il, un rapport de M. l'inspecteur Arnaud qui *fait la lumière* sur *le rôle* de la Mission, M. le Gouverneur nous l'a signalé dans son discours du 6 novembre. C'est le moment de s'en faire une arme. Il en demande la publication, l'honorable M. Deligny enchérit et en réclame l'affichage dans toute la colonie. — Haro sur la Mission ! — C'était le mot d'ordre, ce fut le cri unanime des conseillers partisans de M. Feillet.

Et sans autre discussion, — leur siège était fait d'avance, — ils votèrent les conclusions suivantes qui contiennent, avec les fins de non-recevoir à l'égard de la lettre du Ministre, la déclaration et l'organisation d'une véritable campagne contre la Mission.

Le Conseil général

Considérant que l'impôt de capitation tel qu'il a été voté en 1898 et appliqué en 1899, est un impôt juste, raisonné, qui ne frappe les indigènes que dans une proportion qui est loin d'être exagérée;

Considérant que ce qui est appliqué aux autres colonies, telles que l'Indo-Chine et Madagascar, ne saurait être considéré en Nouvelle-Calédonie comme une illégalité;

Considérant que l'état de choses qui se présente actuellement résulte, d'un malentendu qu'il importe de faire disparaître au plus tôt;

Estimant que tout le bruit fait autour de cette question n'est que le résultat de *manœuvres qu'il importe de faire connaitre et de percer à jour;*

Considérant enfin, que s'il doit s'incliner respectueusement devant les décisions ministérielles, son devoir est d'en appeler du Ministre mal informé au Ministre mieux informé;

Pour ces motifs ;

1º Vote une somme de 110.000 à inscrire au budget des recettes de l'année 1900 au titre : *Impôt de capitation;*

2º Demande à l'Administration de n'établir les rôles que dans le 2ᵉ semestre de l'année 1900, de façon que la question soit tranchée par le Ministre et que l'établissement de ces rôles puisse être fait en vertu du décret modifiant le premier et disant que les indigènes seuls paieront cet impôt;

3º Émet le vœu que le département veuille bien *livrer à la publicité le rapport de M. l'inspecteur des colonies Arnaud,* sur les affaires d'Ina, Tieti, Poindimié, des troubles de Hyenghène, et que ce rapport soit affiché partout en Nouvelle-Calédonie;

4º Donne mission à son président qui doit se rendre en France en 1900, pour présenter cette question à M. le Ministre des Colonies, en le priant d'insister d'une façon toute spéciale sur l'application de l'impôt de capitation aux seuls indigènes *et sur la publication du rapport de M. l'inspecteur Arnaud.*

Nul n'ignore en Calédonie, en quelle tutelle M. Feillet tient son Conseil général, et on en peut conclure que cette importante et audacieuse délibération n'a point été prise sans son approbation, pour ne pas dire sans ses encouragements. Au reste, il en a pris la principale part de responsabilité en signant naguère le budget de 1900, où, sans attendre la décision du *Ministre mieux informé,* et à l'encontre de ses volontés nettement manifestées, figure, non pour mémoire, mais en recettes comme l'année précédente, pour la somme de 110.000 francs, l'impôt de capitation.

*
* *

A cette même époque, par une coïncidence dans laquelle nous ne voulons voir que le cours ordinaire des événements, surgissaient sur la Côte-Est, de Houaïlou à Touho, des difficultés inattendues pour la perception de l'impôt de capitation.

Elles étaient visiblement provoquées par les violences d'un administrateur envoyé pour hâter cette perception, et elles étaient bien malencontreuses.

M. le Gouverneur venait de faire déclarer dans *l'exposé des motifs du budget,* que l'impôt de capitation rentrait sans difficultés, que la somme prévue serait même dépassée; et, on le comprend, il importait de pouvoir écrire et dire à M. le Ministre que l'impôt — déclaré par lui illégal — avait été payé par les indigènes avec empressement, voire même avec reconnaissance, *qu'il était entré dans leurs mœurs.*

Ces difficultés commencèrent à Houaïlou, se renouvelèrent à Ponérihouen, s'accentuèrent à Ina et éclatèrent à Wagap où les indigènes opposèrent aux mesures violentes de M. l'Administrateur une résistance passive.

M. le Gouverneur, renseigné de tous les points de la Colonie et pour tout, au jour le jour, par le télégraphe, eût pu, dès le principe, rappeler son administrateur à plus de modération et de convenance; mais non, il n'est pas dans le caractère de M. Feillet de s'arrêter devant les difficultés ; en tenace manœuvrier, il les affronte et avec une tactique habile, toujours hardie, il les fait souvent tourner au profit de sa cause.

Un brillant publiciste du *Temps,* qu'il est inutile de nommer, le félicitait un jour d'avoir triomphé, avec un succès éclatant, du parti de l'opposition. — « Il faut avouer, répondit-il, que les circonstances m'ont bien servi. »

Les malencontreuses difficultés dont nous venons de parler vont encore une fois admirablement le servir.

Des deux tribus, l'une de Wagap, l'autre du haut de la Ti-Ouaka où la résistance passive s'est accentuée — nous dirons dans quelles conditions, — la première est catholique.

Excellente occasion pour mettre les Missionnaires en cause, les accuser, — ces éternels ennemis de la colonisation — d'avoir excité les indigènes à la résistance, les rendre responsables des difficultés qui ont surgi, *les compromettre administrativement,* et, du même coup, dégager la responsabilité de son administrateur.

C'est ainsi que, pendant que le Conseil général demandait l'exhumation du vieux rapport de M. Arnaud, M. Feillet, de son côté, *pour faire la lumière* plus entière, demandait à une Commission de lui en faire un nouveau qu'il se réservait de revêtir et d'enrichir de toutes les formalités et approbations administratives.

Nous prions ceux de nos lecteurs qui trouveraient de prime abord ces lignes trop hardies de nous faire crédit de leur confiance, jusqu'au point où, dans le corps de notre *historique des faits,* nous leur révélerons quelles dispositions d'âme animaient M. le Gouverneur le **16** novembre, deux jours avant la nomination de la Commission d'enquête.

C'est en effet le **18** novembre qu'elle fut nommée.

Nous en reproduisons le libellé ; pour un esprit observateur, sa teneur est significative ; nous nous permettons de mettre en italique les termes qui attirèrent à première lecture notre attention :

Le Gouverneur de la Nouvelle-Calédonie et Dépendances, Chevalier de la Légion d'honneur, Officier d'académie,

Vu la lettre de M. le Procureur général en date du 14 novembre 1899, transmettant au Chef de la Colonie trois plaintes à lui adressées télégraphiquement par les fils des chefs des tribus de Wagap, d'Ina et de Tiéti ;

Vu le télégramme en date du 14 novembre, adressé par le gendarme commandant, et transmis au chef de la colonie à cette même date ;

Vu l'ensemble des pièces du dossier ;

Considérant qu'il importe *de faire la lumière aussi complète que possible* sur les faits dénoncés, sur toutes les circonstances qui s'y rattachent, ainsi que sur tous autres faits de même nature qui pourraient être révélés, lors de l'enquête :

Décide :

Art. 1er. — Une Commission composée de : M. Ch. Leconte, président de la Cour d'appel, président ;

M. le chef d'escadron Fortin, directeur de l'artillerie ;

M. l'Administrateur Fawtier, chef du service des affaires indigènes et de l'immigration, membres ;

se rendra dans le plus bref délai possible sur les lieux, à l'effet de procéder à une enquête *approfondie*.

La commission a les pouvoirs d'investigation *les plus étendus,* et pourra informer sur *tous faits connexes*.

Elle donnera *du tout* un rapport motivé qui sera adressé au Gouverneur.

Art. 2. — La Commission choisira elle-même, sur place, son secrétaire qui aura voix consultative.

Nouméa, le 18 novembre 1899.

P. FEILLET.

*
* *

La *Calédonie* du 16 décembre, en réponse à *la France Australe* qui, vu le retour de MM. les enquêteurs, demandait la publication du rapport annoncé, insérait dans ses colonnes l'entrefilet suivant dont la déclaration ne surprit personne. De part et d'autre, elle était pressentie :

« La Commission d'enquête nommée par le Gouverneur pour examiner sur place les abus de pouvoir reprochés à M. l'administrateur de Sainte-Marie et rechercher les causes de l'insubordination de quelques chefs indigènes a, en effet, terminé ses travaux.

Nous savons qu'elle a démêlé les causes de cette insubordination et *démasqué ceux qui ont poussé les chefs indigènes à une résistance aussi grave qu'injustifiée.*

Les actes de M. de Sainte-Marie, à propos desquels on a versé tant d'encre, n'ont donné lieu à aucune observation sérieuse de la part de la Commission.

On a demandé *la lumière;* on a demandé la publication du rapport de la Commission d'enquête. Eh bien! les documents seront publiés sous peu, la lumière sera pleinement répandue et cela sera une fois de plus pour la confusion des adversaires de la colonisation libre. »

L'Écho de la France catholique, de son côté, se déclarait prêt à prendre la défense des Missionnaires :

Cette annonce, toute comminatoire qu'elle est, n'est pas de nature à nous déplaire.

Cette publication nous donnera le moyen et le droit de nous défendre. A moins que des préoccupations d'un autre genre ne nous occupent, nous en userons largement.

A en juger par certains renseignements qui ont déjà transpiré dans le public, relativement à la nomination et au fonctionnement de l'enquête, renseignements que confirme le fulminant entrefilet que nous venons de citer, la lumière, nous en prévenons nos lecteurs, ne sera complète que lorsque notre défense aura été entendue, et, alors, la confusion qu'on se flatte de déverser sur les prétendus *adversaires de la colonisation* pourrait bien, au jugement de ceux qui ont des yeux pour voir, des oreilles pour entendre, retomber sur les accusateurs.

Le 10 janvier, *la Calédonie* publiait, en les accompagnant d'appréciations plus que malveillantes à l'égard de la Mission, des communications de source administrative — nous aurons occasion d'en parler plus tard — qu'elle faisait précéder des lignes suivantes :

Il est vraiment regrettable que le dossier de la Commission d'enquête sur les troubles de Wagap, Ina et Tiéti soit si volumineux, et partant si long à imprimer. Il est si intéressant !

Dès qu'il sera connu du public, il sera alors facile de montrer ce que l'on est convenu d'appeler *la question canaque, comment les gens habiles savent l'exploiter,* comment ils savent en tirer parti, jusqu'au moment où elle tourne à leur confusion finale, la vérité venant tôt ou tard à être connue et dévoilée.

Ces lignes contiennent l'aveu explicite que l'enquête a travaillé à *faire la lumière,* non tant sur *les faits dénoncés* que sur la *question canaque tout entière, sur les gens ha-biles qui savent l'exploiter,* et, par ces mots, c'est bien *ceux qui inspirent et documentent d'ici le Comité de dé-fense des indigènes* que la *Calédonie* veut désigner.

L'enquête a donc obéi au programme de M. le Gouver-neur, et s'est employée, avec zèle, n'en doutons pas, à la besogne qu'il mettait à l'ordre du jour dans sa lettre du 18 novembre, au Conseil général : « Il serait temps de montrer en pleine lumière le rôle de ceux qui inspirent et documentent d'ici le Comité de défense des indigènes. »

*
* *

Au reste, le public ne s'y est pas trompé et, dès la nomi-nation de la Commission d'enquête, il s'est dit :

C'est une campagne contre la Mission qui commence.

C'est bien à ce point de vue que la presse s'est placée.

Dans *la France Australe* du 22 décembre, sous le titre : A propos de l'enquête, parut un article dans lequel « un catholique » protestait hautement contre l'attaque qu'il regardait, selon le verdict de l'opinion publique, comme dirigée contre la Mission tout entière.

En voici quelques extraits :

La politique gouvernementale paraît s'orienter à nouveau d'une façon trop marquée vers l'anticléricalisme franc-maçonnique..... Que cherche-t-on par cette nouvelle levée de boucliers? Le pays en souf-frira, non ceux qu'on veut atteindre...

Un fonctionnaire de haut rang, transformé pour la circonstance en collecteur de la gabelle, s'est répandu dans les tribus, pressurant tout autour de lui et imposant par..... des moyens spéciaux ce qu'il ne pouvait obtenir par la menace.

Il s'était compromis, — il fallait le sauver.

Pour y parvenir, on n'a rien trouvé de mieux que d'accuser nos missionnaires. Une fois de plus, nous avons l'écœurant spectacle d'une guerre ouverte... contre ceux qui ont le dépôt sacré de notre Foi.

Il est temps d'en finir avec de pareils procédés, on sait ce qu'il en est de vos enquêtes.

On sait aussi ce qu'il en est des pétitions dont vous prenez l'initiative et comment elles sont signées.

L'existence de nos missionnaires est toute de dévouement et de charité...

Quant à leur patriotisme, à leur dévouement à la France et au pays calédonien, ce n'est certes pas à Nouméa que, de bonne foi, on pourrait en douter.

Les moyens que dans votre haine vous employez contre nous ne peuvent engendrer que le désordre, ne peuvent aboutir qu'à la violence.

Est-ce bien là ce que vous voulez?

Catholiques nous sommes en très grande majorité dans le pays.

Catholiques nous voulons rester.

Et nous tenons à nos prêtres, à nos missionnaires, à notre évêque comme à notre Foi.

De son côté, le journal officieux *la Calédonie*, à la date du 13 janvier, le lendemain du jour où le Comité soi-disant républicain — mais en réalité formé et recruté avec le concours actif de M. Feillet, pour soutenir sa politique, après feu *le Radical,* — s'était réuni, nous assure-t-on, pour émettre le vœu que, à la suite de la publication du dossier de l'enquête de Wagap — au nom du salut public bien entendu — des mesures draconiennes soient prises contre la Mission tout entière, *la Calédonie,* disons-nous, publiait sous le titre les Missions françaises d'Océanie un article tout de dénigrement, destiné à préparer l'opinion.

Ce n'est plus des affaires de Wagap qu'il s'agit, mais bien d'une campagne contre les Missionnaires, les *ennemis de la colonisation libre.* Le signataire P. C... en appelle au témoignage de hauts fonctionnaires parmi lesquels il tient à ranger M. Feillet et — à la manière des administrateurs, après des considérants de haute doctrine, à la suite desquels on est surpris de ne pas trouver *avons arrêté et arrêtons.* — conclut comme le Comité, vraisemblablement à titre de directeur politique ou orateur de l'assemblée, à l'expulsion des Missionnaires et à leur remplacement par des prêtres séculiers.

Voici les passages que nous venons de viser :

Ce qui se passe à la Nouvelle-Calédonie depuis quelques années, cette lutte continuelle et passionnée contre la colonisation libre, cette rage non dissimulée de voir l'administration s'occuper de plus en plus activement de l'indigène et le soustraire ainsi à une tutelle onéreuse et abrutissante, tout cela me dispense d'insister plus longuement sur la légende des immenses services rendus à la cause de l'influence française en Océanie par l'Œuvre des Missions.

Cette légende venue jusqu'à nos jours, mais qui se meurt, a reçu, il y a longtemps déjà, de rudes coups de la part de hauts fonctionnaires dont l'impartialité, tout au moins dans les questions de ce genre, ne saurait être mise en doute.....

En ce qui concerne les Nouvelles-Hébrides spécialement, ceux qui ont voyagé dans ces îles, qui ont pris contact avec leurs indigènes et les blancs qui y habitent depuis de longues années, savent bien que l'action des missionnaires français en faveur de l'influence française y est absolument nulle.

Le Gouverneur actuel, M. Feillet, à son arrivée dans la colonie, pensait sans doute le contraire, car nous savons que mal renseigné par le chef de la mission, Mgr Fraysse — c'est tout naturel — et par un haut fonctionnaire local — cela l'est beaucoup moins — il avait fait ressortir auprès du Ministre des Colonies les services que rendait à la France la mission des Nouvelles-Hébrides et avait démandé de la récompenser dans la personne de son chef.

Depuis, éclairé sur la nature et l'étendue de ces services, nous savons qu'il les apprécie tout autrement et qu'il est aujourd'hui, ce dont nous nous permettons de le féliciter sincèrement, entièrement de l'avis de M. de la Roncière, des amiraux Cloué et Aube, du commandant Rivière, de celui de M. Deschanel, président de la Chambre actuelle des députés, dont on lira avec fruit les intéressants ouvrages sur l'Océanie française.

Cet article est déjà trop long ; il faut cependant conclure.

Nous le ferons en quelques mots.

Un principe que tout le monde acceptera, c'est que, pour que le prêtre soit libre et respecté comme il doit l'être, il est indispensable qu'il reste dans son église, c'est-à-dire qu'il ne soit que prêtre.

Ostensiblement, les missions font surtout de la politique et du commerce. Leur œuvre ne peut donc qu'être stérile et nuisible en même temps, car les intérêts matériels qu'elles recherchent sont incompatibles toujours avec les intérêts spirituels qui devraient être l'objet de leur soin exclusif.

Donc pas de missions que les règlements administratifs contiennent très difficilement, mais des prêtres séculiers concordataires, sachaut bien les obligations que cette situation leur impose à l'égard du Gouvernement qui les salarie.

Notons en passant que, d'après cet article, M. Feillet, un an et quelques mois après son arrivée en Calédonie, fit, en un chaleureux rapport, l'éloge motivé des Missionnaires qu'on vilipende aujourd'hui.

M. P. C... nous dit qu'il avait été trompé et qu'il a bien changé d'avis. L'histoire dira que M. Feillet, libre encore à cette époque des accapareurs intéressés qui ont réussi à lui représenter les Missionnaires comme les *ennemis de son œuvre*, la colonisation, a rendu à cette époque, un témoignage sincère, qui prévaudra sur toutes les saillies et attaques violentes auxquelles il s'est livré dans ces dernières années. Un publiciste, familiarisé avec la polémique, nous racontait combien il avait été surpris de trouver, en tête des paperasses qui lui avaient été communiquées sur la Mission, ce rapport si affirmatif et si bien motivé. — « Vous pouvez au besoin, ajouta-t-il, répondre à M. Feillet par M. Feillet. Ces réponses sont toujours pour le public d'un grand intérêt. Gardez bien cette pièce. » C'est ce que nous faisons.

Quant à l'expulsion des Missionnaires Maristes et à leur remplacement par le clergé séculier, expulsion demandée par le soi-disant Comité républicain et aussi, paraît-il, par les membres Feilletistes du Conseil général — cela se dit, et ne tardera pas à être connu par le public d'une manière certaine — et par M. le Gouverneur Feillet, on ne saurait en douter, nous prions le parti catholique qui, nous le savons, estime ses prêtres et leur est sincèrement attaché, ce dont nous sommes fiers, de ne pas se préoccuper.

M. Feillet aura beau mettre en campagne toutes ses forces, faire donner par pétitions ou mémoires tous ses corps élus, toutes ses assemblées compactes et tous ses comités républicains, c'est une question de haute lutte qu'il engage. Il faudra qu'il s'explique et qu'il découvre ses batteries devant des autorités qui, on ne saurait en douter, se montreront assez libérales pour donner à la Mission le droit et les moyens de défense qu'il lui a refusés, — lesquelles ayant constaté le parti pris et la violence dans la campagne qu'il a engagée contre la Mission, parti pris par trop visible, — le débouteront de ses agressives prétentions.

On ne déplace pas et on ne remplace pas des Missionnaires comme on déplace des fonctionnaires.

Le remplacement des Missionnaires Maristes par des prêtres séculiers est une question qui ne peut être décidée par le Gouvernement qu'après entente avec la cour de Rome. Il est dans les usages de la Cour romaine de respecter les droits de ses administrés et de ne pas les condamner sans les avoir mis à même de se défendre.

Or, nous le savons, la Mission est à même de se défendre aisément des attaques passionnées dont elle est l'objet. M. Feillet est bien exposé à attendre encore longtemps sous l'orme ou sur les pavés de Paris la réalisation de son projet radical.

Il y a deux ans environ, le Comité républicain, on se le rappelle, fit signer à ses adhérents de la ville et de la brousse une pétition par laquelle, à la suite de quelques considérants, de leur nature indignes, plus indignes encore que ceux mis en avant par M. P. C. ces jours-ci, dans *la Calédonie*, ledit Comité demandait à M. le Ministre l'expulsion des Missionnaires Maristes. La pétition était même accompagnée d'un mémoire dont deux copies tombèrent entre nos mains — était-il sot ce mémoire, dont l'auteur, un homme d'esprit cependant, avait voulu poser en nouveau colon jacobin!

Le Comité voudrait-il nous dire quel a été le sort de la pétition et du mémoire? Nous, nous savons que le tout a passé directement au panier, avec et à la suite du rapport de M. Arnaud.

Voilà donc deux ans et plus que le Comité soi-disant

républicain instrumente, sous la direction et l'impulsion de M. Feillet, pour obtenir du Ministère l'expulsion des Missionnaires.

Aujourd'hui, nous disait un homme bien placé pour apprécier la situation, il est visible que M. Feillet et ses partisans ont voulu, à l'occasion de l'affaire de Wagap, jouer avec fracas leur dernier atout.

Eh bien! nous ne prenons pas en cette circonstance la plume pour sauvegarder la situation des Missionnaires comme clergé colonial, qui ne nous paraît pas encore en danger, et à laquelle, nous le savons, ils tiennent moins qu'on ne pense. Les postes les plus enviés par eux, — plusieurs de nos lecteurs ont eu occasion de le constater, — ne sont pas les cures de Nouméa ou de l'intérieur, mais bien les postes avancés des Nouvelles-Hébrides ou des Salomon.

Aussi, samedi dernier, nos lecteurs ont pu le remarquer, en réponse à l'article du dénigreur M. P. C..., avons-nous négligé entièrement cette question pour ne nous occuper que de venger l'honneur des Missionnaires.

C'est pour défendre l'honneur de la Mission que nous entreprenons aujourd'hui notre réponse au rapport de l'enquête. Contrairement aux usages reçus en administration, sur la proposition de M. le Gouverneur, avec approbation du Conseil privé — on ne sait à quelle majorité — les honneurs d'une publication au *Journal officiel* ont été accordés à ce rapport et au volumineux dossier qui l'accompagne.

De son côté, l'officieuse *Calédonie* — est-ce par servilité, par intérêt ou par haine du prêtre? peut-être pour tous ces motifs à la fois, — avec un acharnement de mauvais aloi, bat la grosse caisse, sonne du clairon et, avec ricanement, remplit ses colonnes d'articles qui pourraient tous se parer du même titre : *Sus à la Mission!*

Nous voilà donc dans la nécessité de prendre, dans la presse, la défense de la Mission qui, en cette affaire, se voit jugée et condamnée, avec insertion à *l'Officiel,* sans avoir été entendue et mise à même de se défendre.

N'est-ce pas un procédé vraiment inouï en administration? A-t-on jamais vu un fonctionnaire condamné par Commission d'enquête sans avoir été appelé à s'expliquer et à présenter ses moyens de défense? En quel pays sommes-nous? Sous quel régime vivons-nous?

Nous avions promis à nos lecteurs de répondre largement s'il y avait lieu, nous venons tenir notre promesse.

C'est la première fois qu'il nous arrive d'apprécier les actes et l'attitude personnelle de M. Feillet dans *l'Écho*.

Nous nous étions imposé cette réserve de respectueuse convenance. Nous croyons que cette réserve, en plusieurs circonstances, a été regrettable, mais cette direction nous avait été donnée par une autorité que nous nous faisons un devoir de respecter scrupuleusement et nous voulions la suivre jusqu'au bout.

Nous nous en affranchissons aujourd'hui et c'est M. Feillet lui-même qui nous y contraint.

Nous ferons connaître MM. les enquêteurs, — M. l'administrateur de Sainte-Marie, l'auteur de l'agitation canaque et le rabatteur de témoins de l'enquête — MM. les gendarmes de Touho, qui comme agents et comme témoins ont fait beaucoup de zèle et aussi, puisque *la Calédonie* de ce jour 25 janvier nous y force, la valeur des accusateurs qu'elle invoque, les Darmagnac, Boisson, Goujon, etc.

Nous supputerons, une à une, les dépositions sur lesquelles le rapport affecte de s'appuyer.

Nous disséquerons ensuite le rapport pièce par pièce, alinéa par alinéa; ce qu'il en restera debout comme fond, comme argument valable, et comme logique, ne sera ni gros ni compromettant pour l'honneur de la Mission.

Un des esprits les plus cultivés de Nouméa en a apprécié, à première lecture, la valeur, en deux mots : « C'est un ballon gonflé de mielleuses hypocrisies. » — Un jeune poète de la nouvelle école ajouterait : « planant à pleine envergure dans l'air ambiant du Feillettisme. »

I

HISTORIQUE DES FAITS

I. — *Agissements de M. de Sainte-Marie*

Le 22 octobre 1899, M. l'Administrateur de Ste-Marie, après avoir remis à M. Fawtier, appelé à lui succéder, le service des Affaires indigènes, s'embarquait sur *la Saint-Antoine*.

Quel était l'objet de sa mission extraordinaire? Quelle délégation et quels pouvoirs avait-il reçus? La presse n'en fut ni officieusement ni officiellement informée.

A HOUAÏLOU

Le 25 octobre, M. l'Administrateur arrivait dans ce premier centre. Dès le lendemain, l'émoi se répandit dans les tribus.

Les chefs indigènes : Baptiste, Henri, Motté, Baton, étaient à la *carabousse* (1), et devaient y rester jusqu'à ce que l'impôt de capitation fût payé en entier par leurs tribus. Plusieurs indigènes influents se voyaient menacés d'exil à l'île des Pins, s'ils ne s'empressaient de payer et de faire payer les gens de leur entourage. En toute hâte, tout l'argent que possédaient les indigènes fut collecté, le nombre de ceux qui avaient en main les 15 fr. requis était très restreint; les autres vendirent leurs porcs, leurs casse-tête, leurs sagaïes, d'aucuns même leurs habits de fête.

Plusieurs, inscrits sur des listes différentes, durent payer deux fois, et se contenter de la promesse que, si leur protestation était juste, le surplus leur serait rendu plus

(1) **En prison.**

tard. Aucune excuse ou réclamation n'était agréée. Pour compléter la somme réclamée, ils durent emprunter de l'argent chez les colons. M. St... M. Som... et M. D..., employé de la société *Le Nickel*, leur avancèrent le nécessaire, plusieurs centaines de francs chacun. En quatre jours, 2.000 fr. environ avaient été perçus; la mise à la carabousse des chefs avait produit un effet merveilleux.

A PONÉRIHOUEN

De Houaïlou, M. de Sainte-Marie se rendit à PONÉRIHOUEN et y renouvela l'expédient qui lui avait si bien réussi à Houaïlou.

L'enquête a enregistré le témoignage officiel qu'en donne M. le brigadier de Ponérihouen dans sa déposition : (Voir Dossier, p. 11.)

« Je m'appelle Bernard, brigadier de gendarmerie à Ponérihouen âgé de trente ans.

J'ai accompagné M. de Sainte-Marie dans sa tournée. J'ai assisté aux différentes conférences qu'il a eues avec les chefs indigènes. Je suis venu jusqu'à la limite de ma circonscription, au village d'Amoa.

Les chefs Tchaou, Baptiste de Mangou, Moroui de Nimbave, Livino d'Ina, François de Monéo, François de Tiéti, Téin d'Amoa, ont été punis de huit jours de prison et vingt-cinq francs d'amende, par M. de Sainte-Marie, *pour mauvaise volonté évidente dans le recouvrement de la capitation.* Les trois premiers n'ont fait que 2 ou 3 jours de prison, parce qu'ils ont donné des acomptes sur ce que devait leur tribu.

Le chef Livino *n'avait rien payé du tout;* je l'ai cependant remis en liberté le 17 novembre, parce qu'il paraissait s'ennuyer, et que son fils est venu me dire qu'il allait tomber malade. Il s'est *d'ailleurs acquitté en partie depuis sa libération.*

(*M. le brigadier se met ici en contradiction avec M. de Sainte-Marie qui dépose, page 50 : « Conformément aux instructions que j'avais données à la gendarmerie, Livino n'a pas fait intégralement sa punition, parce qu'il a versé une petite somme (140 fr.) dans l'intervalle, et s'est en outre plaint d'être souffrant. »*)

Le chef François de Monéo n'a fait que trois jours de sa peine, du 3 au 6. Le chef Téin est resté également trois jours en prison; il reste chez lui 57 indigènes qui n'ont pas payé. Le chef François de Tiéti est resté en prison du 7 au 14. J'ai fait subir ces peines disciplinaires telles qu'elles avaient été infligées aux chefs, *régulièrement*, par M. l'administrateur de Sainte-Marie. Les motifs de punitions ont été transmis par moi par la voie ordinaire à M. le Chef du Service des affaires indigènes.

M. le Président de la Commission municipale de Ponérihouen écrivait à ce sujet, à la date du **20 novembre 1899,** une longue lettre dont voici quelques extraits :

Le Gouverneur, pour faire voter à nouveau l'impôt de capitation, certifiera au Conseil général que les rentrées se sont faites avec facilité ; il mentira. Les Canaques ont été traqués comme des bêtes fauves.

Ils n'avaient en réalité pas assez d'argent, et ils ont fait le possible et l'impossible pour en trouver, on les a tarabustés autant qu'on a pu. Cela explique la conduite de X...

Cette personne m'a assuré elle-même, le 19 octobre, qu'elle était obligée de faire connaître tous les soirs au Gouverneur et au Trésorier-payeur les rentrées qui s'étaient faites.

Les gendarmes ont interdit un très grand pilou, parce que certaines tribus n'avaient pas intégralement payé. Les Canaques ont donné encore quelque argent... et le pilou a pu avoir lieu. Si les Canaques l'avaient trouvée trop mauvaise et s'étaient révoltés, ce n'est pas le Gouverneur qui aurait écopé !

Quand M. de Sainte-Marie est venu se faire battre sur le terrain électoral (c'est la liste confectionnée par lui qui a été battue), il a fait emprisonner tous les chefs canaques qui n'avaient pas intégralement payé.

(Il est probable que le payement avant poursuites devait être fait avant le 1ᵉʳ novembre ; je n'ai pas l'arrêté sous les yeux). La carabousse et le gendarme exercent un effet salutaire sur le Canaque, l'Administration le sait.

Elle en use et abuse, comme vous le voyez, attendu que cet emprisonnement de chefs était illégal, puisque tout le mode de recouvrement est prévu, et qu'il devait y avoir avertissement, contrainte, commandement, etc., comme pour le commun des mortels.

J'affirme qu'en réalité les Canaques n'avaient pas assez d'argent. Certains en ont profité pour avancer de petites sommes et passer avec eux des contrats de travail avantageux... pas pour les Canaques.

Je crois que presque tous les chefs ont été relâchés au bout d'un certain nombre de jours, et j'ignore si tout a été payé, mais j'en doute. En tout cas, ç'aura été très dur.

On voudrait faire révolter les Canaques qu'on ne s'y prendrait pas autrement.

3

La pensée qui nous a déterminé à citer cette lettre, bien que son style soit, à notre goût, trop libre d'allures, nous est venue du petit incident que voici : Au cours du voyage de MM. les enquêteurs se rendant à Wagap, M. Fortin dit, en conversation, qu'il ne connaissait pas les télégrammes parus dans *la France Australe*, par lesquels MM. G... dénonçaient les violences de M. de Sainte-Marie. Une personne du bord lui mit les journaux en main, et M. l'enquêteur en les rendant fit cette réflexion : *Mais ces MM. G... sont à la dévotion des Missionnaires!*

Animé du même esprit, M. le Rapporteur de la Commission, pour infirmer et rejeter à priori et en bloc les témoignages des dignes colons qui n'ont pas déposé en faveur de ses conclusions, les qualifiera de *clients* et *d'amis personnels de la Mission.* (Voir rapport, p. 7, 1re col.)

Eh bien! M. le Président de la Commission municipale de Ponérihouen n'est ni un *homme à la dévotion des Missionnaires*, ni *un client*, ni *un ami personnel de la Mission*, c'est de grande notoriété, ses idées en religion et en politique sont connues de tout le monde.

Et cependant, comme MM. G..., il signale et dénonce les agissements de M. de Sainte-Marie comme empreints d'une violence excessive et capables de provoquer une excitation regrettable parmi les indigènes.

Les colons catholiques de Ponérihouen qui adressèrent à Monseigneur, il y a un an, une pétition signée de 37 noms pour demander que le prêtre chargé d'assurer, deux fois par mois, le service religieux dans ce centre de colonisation y soit fixé en résidence, forment, de fait, le parti de M. le Gouverneur contre les amis de M. D... dont la liste, à deux reprises différentes, a obtenu plein succès.

Nous tenons à faire, en passant, cette constatation, qui suffirait, à elle seule, à renverser l'idée fausse et malveillante, si bruyamment exploitée, que la Mission se sert de son influence pour tourner les esprits contre M. le Gouverneur et la colonisation.

A TIÉTI-AMOA.

L'emprisonnement de Livino, chef de Ina, de Téin d'A-
moa et de François de Tiéti, fut accompagné de circonstances qui parurent à la population indigène particulièrement odieuses.

Le chef Livino, quoique déjà atteint des premiers symp-
tômes de la fièvre dysentérique, qui régnait dans le pays à
l'état épidémique, avait fait effort pour se rendre à la convocation de M. de Sainte-Marie à Ponérihouen. En homme
craintif de sa nature, il redoutait, avec excès peut-être,
mais non sans motif, les conséquences d'une non-comparu-
tion. Et pourquoi cette convocation à 30 killomètres lorsque
M. l'Administrateur devait passer à Ina quelques jours
après, si ce n'est pour frapper à l'avance d'intimidation
toute la région.

Bien que l'état maladif de Livino s'aggravât de jour en
jour, et que ce chef, comme la Commission d'enquête a pu
le constater, fût le créancier de l'Administration, pour une
somme au moins équivalente à celle de l'impôt de capitation, le malheureux, au grand désespoir de son fils et de
ses sujets, fut retenu en prison à Ponérihouen. Là, il dut à
la complaisance d'un planton de pouvoir continuer l'usage
des remèdes indigènes qui lui avaient été conseillés à Ina

*
* *

François, le chef de Tiéti, comparut d'abord — comme
le témoigne du reste M. le brigadier de Ponérihouen —
devant M. de Sainte-Marie, au bureau de poste. En cette première entrevue, il fut vivement malmené, mais, s'il faut en
croire sa déposition devant l'enquête, c'est sa femme qui
reçut la principale algarade : « Allez, fou-moi le camp,
popinée ».

Il dut comparaître une seconde fois chez M. Poincheval,
où M. de Sainte-Marie avait élu domicile. Là, pour n'avoir

versé que 150 fr. à la caisse de l'impôt, bien qu'il offrît d'ajouter à cette somme celle que lui donnerait M. Poincheval pour la couverture d'un hangar — travail qu'il était accusé de n'avoir pas exécuté assez rapidement — M. l'Administrateur le condamna à **8** jours de prison, et, sans souci de sa dignité personnelle et surtout de la dignité de l'autorité française, dont il était en ce moment le dépositaire, il se permit de faire suivre cette peine administrative de deux coups de pied.

M. de Sainte-Marie, dans sa déposition devant MM. les enquêteurs, se reconnaissant coupable de cette voie de fait, bien que des témoins trop zélés aient voulu l'en décharger, présente comme première excuse « *que cette scène se passait chez un particulier et pour une question indépendante du service* ». Cette excuse que M. le Rapporteur de l'enquête a pleinement agréée et enchâssée dans son rapport, nous paraît bien trouvée pour dégager le fonctionnaire, mais est-elle bien recevable? La scène s'est passée chez M. Poincheval, c'est-à-dire, dans la résidence officielle que M. de Sainte-Marie s'était choisie pour la durée de son séjour à Tiéti; elle s'est passée au cours de la séance dans laquelle il venait d'infliger *administrativement* **8** jours de prison au patient, à cause de l'impôt de capitation et autres méfaits passibles, paraît-il, de répression administrative, il a donc, en cette occasion, posé en administrateur; comme dans toutes les affaires qu'il a traitées dans sa tournée; c'est patent, bien qu'il n'eût pas, comme il le dit lui-même, ses broderies, que d'ailleurs, croyons-nous, il n'a jamais revêtues durant son voyage.

Il est une seconde excuse qu'il formule dans sa déposition : *c'est qu'il est un petit homme et que le coup n'a pu faire du mal.*

D. — N'avez-vous pas eu avec le chef François une explication quelques jours après.

R. — Monsieur le Président, j'écrivais dans la salle à manger de M. Poincheval, lorsque le chef François s'est approché de moi et m'a dit textuellement ceci : « J'ai beaucoup peur (il paraissait en effet, ému) ; et je viens vous dire, mon commandant, que ce n'est pas moi qui ai porté plainte contre vous. »

Sans insister, je me suis mis à rire et j'ai répondu : « Tu n'as pas besoin d'avoir peur, je ne t'en veux pas, mais ton fils est *un gros couillon*, parce que tu sais bien que, quand j'ai été content de toi, j'ai moi-même insisté auprès du Gouverneur pour qu'il te donne une médaille qu'il ne te destinait certainement pas, et à l'heure qu'il est ton nom n'est pas encore gravé dessus..... Envoie-la à Nouméa. D'ailleurs *comment veux-tu qu'un petit homme comme moi te fasse du mal, alors surtout qu'il n'en avait pas l'intention.* »

Tout le monde sait en Nouvelle-Calédonie, et les membres de la Commission ne l'ignorent pas, que le mot « couillon », dans le pays, n'a pas le sens injurieux que l'on pourrait lui attribuer ailleurs. Il s'emploie couramment dans le jargon des indigènes et, en biche-la-mar, couillonner est tout simplement le synonyme de « tromper » et a l'avantage d'être mieux compris.

Il est à remarquer que cette entrevue d'amende honorable, destinée à arrêter les plaintes du chef et à étouffer l'incident, a été préparée par M. Poincheval ; c'est Mme Poincheval qui le déclare dans sa déposition :

D. — Est-ce M. de Sainte-Marie qui a envoyé chercher le chef François, quelques jours après la scène que vous nous avez racontée?

R. — Non. Je sais que c'est sur le conseil de mon mari que François est *venu apporter des excuses à M. de Sainte-Marie et lui dire que ce n'était pas lui qui avait porté la plainte.*

Et, de fait, le chef *François qui avait beaucoup peur* — nous prions nos lecteurs de remarquer cette déclaration — fut si touché des paroles et promesses rapportées et de celles non rapportées qui lui furent dites en cette entrevue de réparation, qu'à l'enquête il viendra déposer :

D. — Reconnaissez-vous avoir mérité la punition de prison qui vous a été infligée?

R. — Oui, j'ai été légèrement touché, mais cela ne m'a pas fait mal. J'ai seulement été fâché d'avoir été ainsi traité devant deux de mes hommes.

Ce bon François a dû même faire du zèle et transmettre le mot de passe à son voisin le chef Poindet, dont l'enquête (p. du 20 dossier) enregistre l'habile et magistrale déposition à décharge que voici, alors qu'il n'a jamais reçu aucune instruction ni éducation européenne, si ce n'est peut-être de **M. Poincheval.**

Avec l'aide de l'interprète L. Dinet.

Je me nomme Poindet, chef de Poindimié.

D. — Vous avez eu connaissance de la dépêche envoyée par Antoine Kélé, fils du chef François, à Nouméa, à propos des violences exercées par cet administrateur sur ce chef?

R. — Je l'ai entendu dire, mais j'estime que M. de Sainte-Marie a eu raison d'agir ainsi *dans, l'intérét de son service.*

D. — En quoi consistent exactement ces violences?

R. — L'on m'a dit, mais je ne l'ai pas vu, que M. de Sainte-Marie avait frappé du pied et du poing le chef François à propos, *non pas de capitation, mais de la couverture d'un hangar,* chez M. Poincheval, couverture qu'il s'était engagé à construire et qu'il n'achevait pas. L'indigène de qui je tiens ce propos se nomme Doui.

Je sais que Kélé a télégraphié, mais je ne sais pas si c'est pour le motif que vous dites, si c'est parce que son père a été puni d'une peine disciplinaire ou si c'est à cause de l'incident du hangar.

D. — Antoine Kélé a télégraphié à Nouméa : « administrateur a frappé mon père, chef de Tiéti, parce que point d'argent pour capitation, et l'a mis en prison, je vous demande secours et justice. » Qu'y a-t-il de vrai là dedans?

R. — Si M. de Sainte-Marie a réellement frappé François comme on me dit, *ce n'est pas à propos de la capitation,* et s'il l'a mis en prison, *il a agi pour le bien du service.*

Nous invitons en passant nos lecteurs à apprécier eux-mêmes la valeur et la recevabilité d'une pareille déposition. Nous aurons à leur en signaler plusieurs du même genre, de la part des témoins à charge contre les Missionnaires.

Revenons au fait. Quelle que soit la complaisance servile avec laquelle le chef François, après les *explications réparatrices* que lui a données M. de Sainte-Marie, vient dire à l'enquête : « J'ai été légèrement touché, mais cela ne m'a pas fait de mal », il ne peut s'empêcher d'ajouter : « J'ai seulement été fâché d'avoir été ainsi traité devant deux de mes hommes, mais cela est peu de chose ».

Non, *in petto*, il ne pensait pas que ce fût *peu de chose*, il l'avait sur le cœur, et il n'ignorait pas que ses sujets, peut-être moins serviles que lui, en avaient été indignés. Dans les usages indigènes, mettre la main sur la tête d'un chef, même sans intention de le frapper, était punissable de mort. On ne devait passer devant lui qu'en rampant. Et, bien que ce cérémonial soit aujourd'hui abandonné dans la plupart des tribus, on ne trouverait pas un indigène qui osât se permettre de lever la main sur un chef. Et quand on voit M. de Sainte-Marie s'excuser auprès de François comme devant MM. les enquêteurs, en disant *qu'il est un petit homme, qu'il n'a pu faire mal, que son soulier était de toile*, on ne peut que hausser les épaules devant pareille puérilité. Est-ce de cela qu'il s'agit?

M. le Rapporteur de l'enquête déclare caustiquement que l'acte de violence de M. de Sainte-Marie *n'a en rien pu nuire, comme on le prétend, au prestige de François, vis-à-vis de ses sujets, ce prestige n'ayant jamais existé.*

M. le Rapporteur dans le cas où, parmi les chefs de service, il s'en trouverait un *sans prestige,* autoriserait-il un de ses collègues ou M. Y... à le traiter, devant ses subordonnés, comme M. de Sainte-Marie a traité François, sous le prétexte qu'il n'a pas de prestige à perdre?

La vérité est que tous les indigènes de la région furent indignés de cet acte inqualifiable de violence. Ils se redirent que le chef de Touho, un an auparavant, avait été traité de même sur le pont du courrier...

Les chefs se voyaient tous menacés et déjà atteints dans leur prestige. Dans les veillées — là où on parle avec plus de sincérité que devant MM. les enquêteurs — il n'était question à ce moment-là que de l'homme qui *emprisonne et frappe le chef.* C'est dans ces réunions que les jeunes gens de Wagap se dirent : NOUS NE TOLÉRERONS PAS QU'ON FRAPPE NOTRE VIEUX CHEF.

De sorte que, cela ne fait aucun doute pour nous, le désormais célèbre coup de pied de M. de Sainte-Marie est la première, sinon l'unique cause, de la résistance passive qu'ils ont opposée.

***

De Tiéti ; M. l'Administrateur fit une apparition à Amoa le chef païen de la tribu fut convoqué dans la maison particulière où il était descendu. La réserve que se sont imposée les témoins européens nous empêche de relater les détails de l'audience. Nous savons seulement que le chef Téin, comme ceux dont nous avons parlé, fut condamné à aller faire à Ponérihouen 8 jours de prison et à payer **25 fr.** d'amende, *pour mauvaise volonté évidente à payer l'impôt de capitation.*

Il ne trouva pas la décision de son goût et, cela est connu de toute la tribu, comme des colons du voisinage, en partant pour aller faire ses **8 jours** de prison, il dit à ses sujets : « Je vous défends de travailler chez les blancs, tant que je serai en prison. »

Après cela on a lieu d'être surpris de trouver dans sa déposition devant l'enquête, car ce chef a du caractère :

D. — Que pensez-vous de M. de Saint-Marie et des punitions qu'il a infligées?

R. — M. de Sainte-Marie a bien agi en ce qu'il a fait.

Le dimanche 5 novembre, le vieux Robert, chef de Wagap, assistait aux offices religieux célébrés à Saint-Léonard. Après les vêpres, il vint trouver le Père Berne, directeur de l'établissement, et lui dit avec la plus grande anxiété :

— Il paraît que M. l'Administrateur est à Ina pour trouver l'argent de la capitation.

— Oui, lui répondit le Père, je l'ai entendu dire.

— Et moi, comment faire? Je n'ai pas d'argent du tout.

— Mais tes hommes n'ont rien?

— Non, non, mon Père, rien du tout.

— Mais, vous m'avez dit plusieurs fois qu'on vous devait *quatre mois de passage du bac, et qu'on n'avait pas encore payé la route neuve*. Tu n'as qu'à dire que cet argent sera pour payer ton impôt de capitation.

— C'est vrai, mon Père, mais la somme ne sera pas forte, vu que M. Paccard ne nous a promis, pour la route, que 200 fr. à partager entre deux tribus.

— Eh bien, tu verseras ce qu'il y aura. »

A WAGAP

Le lundi, M. de Sainte-Marie était arrivé sur les bords de la Ti-Ouaka, et avait élu domicile chez M. Chiquet, d'où il envoya aux trois chefs Robert de Wagap, Silveri de Tié et Kela de Poimbéi, un ordre de convocation pour le lendemain.

Ce jour-là, le R. P. Berne avait à se rendre à Touho pour présider dans cette localité un examen de 1re communion. Parti de grand matin, il rencontra sur la rive gauche de la rivière plusieurs groupes d'indigènes accompagnant leur vieux chef Robert qui, malade depuis longtemps, était assis sur le bord du chemin, plié en deux et tout consterné.

Le Père le rassura par de bonnes paroles et continua sa route.

Voici, d'après les interprètes, le récit de l'audience qui eut lieu chez M. Chiquet : M. de Sainte-Marie, à l'arrivée des indigènes, apparut sous la véranda de la maison. Robert s'avança et donna la liste des hommes de Wagap soumis à l'impôt. Les deux autres chefs Silveri et Kela ne se présentèrent pas. Alors entre M. l'Administrateur et les Canaques s'engagea le dialogue qui suit :

M. de Sainte-Marie. — Où est l'argent?

Robert. — Il n'y en a pas.

M. de Sainte-Marie. — Ah! il n'y en a pas? Eh bien! tu vas aller en prison. (*Il sort, rentre un instant dans la maison, revient sur la véranda et s'assied.*) Pourquoi n'as-tu pas d'argent?

Un indigène, du nom de Léopold, interprète, prend la parole. — ·C'est que nous n'en avons pas.

M. de Sainte-Marie. — Pourquoi n'en avez-vous pas? Téin (chef de Kokingone) a bien payé, lui.

Un autre indigène, nommé Fidéli. — Téin a payé, parce qu'il est ·sur son terrain, et qu'ainsi il peut avoir de l'argent. Mais nous, nous ne sommes pas sur notre terrain. Voilà pourquoi je vous dis, commandant, que nous ne pouvons pas payer, puisqu'il n'y a pas d'argent.

(*Fidéli fait ici allusion à la situation toute particulière des indigènes de Wagap qui, de fait, n'ont aucune réserve à eux assurée par l'Administration, mais se trouvent établis sur un terrain cédé d'abord aux Pères Trappistes qui y laissèrent volontiers les indigènes. Après leur départ, en 1889, ce territoire fut concédé à la Mission qui leur succédait, et rien ne fut changé à l'état de choses préexistant. La Mission paie même chaque année, au profit des indigènes, la location de la zone maritime attenante à ce terrain dont ils jouissent.*)

M. de Sainte-Marie. — Comment, vous dites que vous n'avez pas d'argent, *tas de c.....*? (M. de Sainte-Marie déclare n'avoir pas adressé d'injure au chef. On ne peut que prendre acte de sa déclaration, mais pourtant ce gros mot lui était si familier!) Vous ne pouvez pas en ga-·gner alors?

Fidéli. — Mon commandant, nous ne pouvons pas gagner grand chose ici, dans la brousse. Si nous étions à Nouméa, où il y a du travail, nous aurions de l'argent et nous paierions.

M. de Sainte-Marie. — Comment, pas de travail? Il y a du travail ·ici pour le Gouvernement et vous ne voulez pas le faire.

Fidéli. — Oui, il y a du travail pour le Gouvernement, nous l'avons fait, et on ne nous a pas payés, ainsi les travaux de la route.

Léopold. — Nous avons travaillé au bac, c'est pour le Gouverneur ·encore, et il ne nous a rien donné.

Fidéli. — On nous a pris notre terrain là, en face, sans nous en parler, par conséquent sans nous payer. Voilà pourquoi je vous dis ·encore, mon commandant, que nous ne pouvons pas payer, parce que nous n'avons pas d'argent.

M. de Sainte-Marie. — Comment t'appelles-tu, toi?

(*Silence*). Mon garçon, tu vas aller *nager* pendant deux ans au phare ·pour le Gouverneur.

Fidéli. — C'est bien, mon commandant, mais pour payer la capitation, je vous dis que nous ne pouvons pas, parce que nous n'avons pas d'argent.

M. de Sainte-Marie. — Vous n'avez pas d'argent, parce que vous avez donné tous vos terrains aux Pères. Si vous les aviez donnés au ·Gouvernement français, il vous aurait payés, et vous auriez de l'argent.

Maintenant, vous autres, vous allez partir, mais toi Robert, reste là jusqu'à ce que les gendarmes viennent te chercher.

Les indigènes à Robert. — Non, viens avec nous. Si les gendarmes veulent te prendre, ils viendront bien te chercher au village.

M. de Sainte-Marie. — Tous ceux qui sont sur le papier vont aller à l'île des Pins avec Robert.

Léopold. — C'est bien, commandant, il faudra nous attacher tous, mais pour payer la capitation, ce n'est pas possible, parce qu'il n'y a pas d'argent.

Là-dessus les jeunes gens se retirent, emmenant leur vieux chef avec eux.

Le lendemain, les païens de la montagne descendirent à Wagap, et tous, d'un commun accord, résolurent de ne pas livrer les chefs, si on voulait les mettre en prison *à propos de la capitation.* Leur pauvreté ne leur paraissait pas un crime qui méritât d'être puni.

Le samedi soir, le libéré Bonguet, cantonnier de la région — dont l'Administration et la gendarmerie se servent souvent pour communiquer leurs ordres aux indigènes (1) — arrivait au village, envoyé par un gendarme, pour inviter les trois chefs Robert, Silveri et Kela de se rendre à Touho, afin d'y rester 15 jours, qu'ensuite ils seraient libres. Si ces chefs ne se rendent pas d'eux-mêmes, les gendarmes viendront les prendre lundi.

— Eh bien, répondent les indigènes, nous attendrons qu'ils viennent.

Le lundi 13 novembre, les gendarmes Depoisier et Lamadon arrivaient en effet à Wagap. Le premier dit avec calme qu'ils venaient chercher les chefs.

L'un des indigènes présents, parlant au nom de tous, demanda la raison de cette arrestation, ajoutant que les

---

(1) Il lui arrive même de se permettre d'établir des ordres, de son propre chef; de les libeller comme celui qui suit dont nous avons l'original en main :

« *Ordre* de la part de la gendarmerie au chef Robert, ou, à son défaut, à son fils de venir de suite chez Monsieur Chiquet, à la disposition de la gendarmerie aussi à l'indigène Laurençio de venir de suite, et surtout apporter les outils qui sont à Wagap. Laurençio est demandé spécialement. »

Signé : Bonguet.

chefs n'avaient fait aucun mal qui semblât mériter la prison. Après quelques instants de pourparlers, aboutissant toujours à un refus, M. Depoisier dit : « C'est votre dernier mot, vous ne voulez pas livrer vos chefs ? » — « Nous ne voulons pas, répondit l'interprète, parce qu'ils ne sont pas coupables. »

Alors M. Lamadon, brandissant le nerf de bœuf qui lui servait de cravache, s'écria : « Ah ! vous ne voulez pas ? Eh bien, nous reviendrons avec les soldats pour vous *flingoter*, comme autrefois à Hienghène. » Et une seconde fois, en se retirant : « Oui, il n'y a qu'à les fusiller tout de suite, comme les gens de Hienghène. »

Ces paroles ont été niées, nous dirons plus tard pourquoi ; nous les maintenons dans notre récit, qui sans elles serait inintelligible.

Les deux gendarmes repartirent. Les indigènes, qui ne se rendaient certainement pas compte de la gravité administrative de leur résistance, étaient si peu agressifs que l'un des gendarmes, durant l'entrevue, alluma sa cigarette avec un tison que lui tendit un Canaque.

Nature de la résistance.

Arrêtons-nous un instant pour examiner la nature de l'acte qui vient de se produire et qui va servir de pivot à toute l'affaire, qui en est le point culminant et caractéristique.

On l'a appelé RÉBELLION.

Ce n'est pas une rébellion. La rébellion, c'est l'action d'empêcher par violence et par voie de fait l'exécution des ordres de la justice. Or, les indigènes n'ont exercé aucune violence. Ils n'étaient pas armés, le gendarme Depoisier le reconnaît, ils ont simplement déclaré qu'ils ne laisseraient partir leurs chefs que sur un jugement de Nouméa. M. le Rapporteur lui-même, un magistrat cependant, ne taxe pas moins cette déclaration de *rébellion* (dossier p. 4, 1re col.), et, ce qui est plus odieux encore, M. Feillet alléguera plus tard cette même *rébellion,* pour arrêter, comme otages, les indigènes Benoît et Gabriel. (*Journal officiel* du 20 janvier 1900.)

On a encore appelé cet acte une RÉVOLTE.

Ce terme, en droit, étant réservé à la rébellion des militaires contre leurs chefs, il n'a pu y avoir, en l'espèce, de révolte.

Enfin, on a qualifié l'attitude des indigènes du nom de TROUBLES et le Dossier porte pour titre : Enquête nommée à l'occasion des *troubles* de Wagap, Ina et Tiéti.

Il n'y a pas eu troubles. En jurisprudence, on dit qu'il y a troubles, quand le mécontentement éclate en menaces et que les partis se provoquent ouvertement.

Il y a donc eu SIMPLE AGITATION, c'est-à-dire, mécontentement général des esprits, en proie à l'inquiétude et à la crainte, sans attitude menaçante, d'après la déposition du gendarme M. Depoisier lui-même. Il y a eu *résistance passive,* non contre l'autorité supérieure, à laquelle les indigènes étaient disposés de se soumettre, mais contre l'administrateur de Sainte-Marie, qu'ils avaient quelques raisons de regarder comme capable de violences et d'arbitraire.

Cela est si vrai que les indigènes ont prié les gendarmes de leur montrer un papier qui leur donnât le nom de l'autorité prononçant la punition et le motif de cette punition. C'est alors que M. Depoisier, d'après sa déposition, formellement contredite par tous les indigènes, tira de sa sacoche la réquisition de l'Administrateur.

En admettant qu'il eût exhibé ce papier — les indigènes déclarent qu'ils n'ont vu entre ses mains, en fait de papier, qu'une feuille de papier à cigarettes — il ne pouvait y lire *l'indication de la faute commise,* puisque M. de Sainte-Marie, violant en cela l'arrêté du 9 août **1898,** art. **35** et **36,** n'avait donné que *verbalement* le motif des punitions infligées. (Voir déposition du maréchal Laborderie.)

« Qu'auriez-vous fait, demandent MM. les enquêteurs à l'interprète Léopold, s'il y avait eu un jugement de Nouméa? » — Nous aurions obéi, répond immédiatement l'interprète.

Les indigènes des tribus de Wagap et de Poimbéi ne se sont donc rendus coupables que d'une simple agitation et cela, à l'occasion de punitions infligées *irrégulièrement* par un administrateur en mission extraordinaire, muni de pouvoirs non officiellement notifiés.

* *

Les malheureux indigènes restèrent atterrés de la menace inattendue d'une fusillade par les soldats. Ils parlèrent aussitôt de se cacher, de s'enfuir dans les montagnes pour se soustraire à la dite fusillade que, dans leur simplicité, ils regardaient déjà comme certaine.

Les gendarmes rentrés à Touho expédièrent le télégramme que voici :

Pour Nouméa de Touho. N° 386. Dépôt le 14 novembre 1899 à 8 h. 25.

Gendarme, commandant provisoirement brigade Touho à chef d'escadron, commandant gendarmerie Nouméa, pour Chef affaires indigènes et administrateur 2ᵐᵒ territoire.

Sommes rentrés à Wagap pour procéder arrestation chefs indigènes Kella, Robert et Silveri, punis 15 jours de prison et 50 francs amende par chef service affaires indigènes, 200 Canaques environ s'y sont opposés.

Ils déclarent ne pouvoir payer impôt capitation.

Nouméa, le 14 novembre 1899.

J'ai l'honneur de communiquer à Monsieur le Gouverneur le télégramme ci-joint, que je reçois à l'instant par l'intermédiaire du commandant de gendarmerie.

Le Chef du service des affaires indigènes,

FAWTIER.

P.-S. — C'est de M. de Sainte-Marie que le commandant de la brigade veut parler pour la punition infligée, et non de moi.

Deux remarques importantes.

Deux choses sont à remarquer dans ce télégramme : la première, que M. Depoisier, qui en est l'expéditeur, déclare carrément que les gendarmes sont allés à Wagap pour *procéder à l'arrestation des chefs indigènes,* ce que confirme la déposition suivante de M. le maréchal Laborderie, — « à son passage à Touho, M. de Sainte-Marie me remit une réquisition pour procéder à l'arrestation des chefs.... La réquisition ne portait pas le motif de la punition, mais je le savais par ses instructions verbales. » — Et pourtant nous lisons dans le rapport (voir p. 4) : « Ils ne venaient nullement arrêter ces chefs, ils n'avaient pas pour mission de se les faire *livrer,* comme semblent le dire les termes du télégramme (de l'indigène Lino) et connaissaient parfaitement les limites de leur devoir. » Donc, en procédant à leur arrestation comme ils ont voulu le faire, ils ont dépassé leur pouvoir? M. le rapporteur aurait bien fait, pour donner du crédit à son rapport et dégager ses gendarmes, de ne pas se mettre en flagrante contradiction avec eux, sur le fait fondamental.

La seconde observation concerne le post-scriptum de M. Fawtier. Le gendarme déclare dans son télégramme que les chefs qu'ils allaient arrêter étaient punis par *chef service affaires indigènes,* et, en effet, les peines imposées et l'ordre donné aux gendarmes supposent les pouvoirs du chef de service.

M. Fawtier se hâte de déclarer : « le chef de service dont parle la gendarmerie, c'est M. de Sainte-Marie et non pas moi. »

Qu'est-ce donc? Avons-nous deux *chefs de service* à la fois? Voilà qui est étrange, voire même anormal!

L'Officiel, qui ne manque jamais de nous informer, — l'officieux le suppléerait au besoin, — de toute délégation administrative, de toute mutation ou congé (dans le numéro du **20** janvier, on lisait, par exemple : un congé de convalescence de trois mois est accordé à **M.** de Sainte-Marie). — *L'Officiel* qui a pu consacrer **57** pages à la publication de l'enquête, où le dit administrateur se trouve si gracieusement justifié et les missionnaires violemment accusés, n'a pas encore publié la décision par laquelle **M.** de Sainte-Marie aurait été régulièrement délégué avec les pouvoirs du Chef de service des affaires indigènes, de perception d'impôt, etc., délégation qui remonterait au **22** octobre **1899** au moins, et nous sommes au **2** février. Cette délégation aurait-elle été seulement verbale, comme les instructions de **M.** de Sainte-Marie au maréchal Laborderie, dont nous venons de parler? Aurait-elle été secrète? Mais l'exercice des pouvoirs publics qu'il a administrativement exercés demande que la délégation soit publique et même notifiée à *l'Officiel*. **M.** de Sainte-Marie aurait-il fait du zèle sans être muni de pouvoirs réguliers? Mais alors, il serait passible de l'article **114** du Code.

Cette question, au point de vue administratif, a besoin d'être fixée. Que **M.** Feillet produise la délégation régulière, en vertu de laquelle **M.** de Sainte-Marie a pu légitimement remplir sa mission, qu'il nous soit expliqué pourquoi, donnée à la date **22** octobre **1899**, elle n'a pas paru encore à *l'Officiel* au **25** janvier, sans quoi nous sommes en droit de considérer tous les actes administratifs de **M.** de Sainte-Marie : emprisonnements de chefs, amendes imposées, réquisition de la gendarmerie, perception de l'impôt de capitation, comme de monstrueux abus de pouvoir, frappés, de par les règles du droit administratif, d'illégalité, de nullité et passibles de répression.

Quoi qu'il en soit de la régularité administrative ou de l'irrégularité de ces pouvoirs, ces agissements ont été non seulement la cause apparente, mais la cause réelle et l'unique cause de l'agitation qui s'est produite.

Et certes, ces agissements que nous venons de faire connaître en détail, ne sont-ils pas de nature à produire cette agitation? QUATORZE CHEFS emprisonnés et la plupart frappés d'amendes avec accompagnement de menaces, de paroles incrépantes et, en plusieurs cas au moins, de grossièretés indignes, et cela en 12 jours, sur le parcours de 80 kilomètres environ, parmi les tribus de la Côte-Est qui habitent le rivage, de Houaïlou à Wagap..... Est-ce là peu de chose? N'est-ce pas là une cause réelle et évidente, par sa nature même, de mécontentement et d'irritation? si évidente, que M. le rapporteur qui ne veut y voir qu'une cause apparente, se réservant de chercher la cause *vraie* dans le domaine de l'occulte, se voit contraint de reconnaître *que la résistance s'est accentuée, à la suite des punitions infligées par l'administrateur* (v. dossier p. 6, 1re col.). Ces faits ne sont-ils pas empreints d'une violence et d'une imprudence inouïes? Les Calédoniens n'ont pas le chauvinisme des Boërs que l'Europe entière admire en ce moment, mais ils sont moins serviles et moins corvéables que semblent le supposer M. de Sainte-Marie et, à sa suite, MM. les enquêteurs. Nous aurons occasion de revenir sur ce sujet, avant la fin de notre travail.

II. — *Intervention des Missionnaires pour l'apaisement.*

Nous sommes au 14 novembre. L'agitation qui a porté les indigènes païens de Poimbéi et les indigènes catholiques de Wagap à faire acte de résistance passive dans le sens que nous avons dit, lorsque les gendarmes se sont présentés à Wagap pour arrêter les chefs, est à l'état de fait accompli. La gendarmerie de Touho en a informé par le télégramme n° 386 M. le Chef du service des affaires indigènes.

Or, nous déclarons — et nous prions nos lecteurs de remarquer l'importance de cette déclaration — que durant la période d'agitation qui a fait l'objet de l'enquête, c'est-à-dire du 25 octobre au 14 novembre, aucun missionnaire, ni directement, ni indirectement, ni personnellement ni par intermédiaire, ni par avis, ni par conseil, ne s'est immiscé dans les événements qui l'ont constituée.

Cette déclaration, dont la vérité est établie visiblement par l'historique des faits, et incontestable.

Aussi M. le rapporteur, pour en venir à mettre les Missionnaires en cause, en ce qui regarde la dite agitation, en est-il réduit à nous dire qu'ils sont, non la cause apparente, mais la cause *occulte*. Et comme, conformément à la déclaration que nous venons de faire, il ne peut alléguer aucune immixtion personnelle de leur part, il n'hésite pas à affirmer que, quelques indigènes qu'il lui plaît de considérer comme des meneurs ne sont que les instruments des Missionnaires :

La perception de l'impôt de capitation et les actes reprochés à M. de Sainte-Marie ne sont que les prétextes d'une agitation, superficielle aujourd'hui, mais dont l'aggravation est possible. La cause véritable de cet état de trouble réside dans l'action de quelques meneurs qui sont les instruments des deux Missionnaires de Tié et de Saint-Léonard.

Voilà une déclaration qui ne ressort point de l'enquête ; elle n'est appuyée ni sur une déposition, ni sur un fait quelconque ; elle est née d'une simple induction.

Les Léopold, Fidéli…, que M. le rapporteur affecte de qualifier de *meneurs*, ne sont en réalité que des interprètes ; mais, fussent-ils des meneurs, il n'est pas permis de venir dire, sans preuves, qu'ils sont les instruments des Missionnaires. Il est notoire dans la région de Wagap que ces indigènes ne sont point en relations suivies avec la

Mission et le R. P. Berne déclare, sur son honneur, qu'avant le passage de M. de Sainte-Marie, il n'a eu avec eux aucun rapport autre que les salutations d'usage en cas de rencontre.

Nous en reparlerons en discutant le dossier.

Les Missionnaires qui ne sont aucunement intervenus dans les événements qui ont amené l'agitation, c'est un fait acquis, interviennent pour l'apaisement :

Tié, le 20 novembre 1899.

A Monseigneur Fraysse, vicaire apostolique de la Nouvelle-Calédonie.

Monseigneur,

Le lundi 13 courant, le R. P. Berne et moi, nous étions fort inquiets, fort peinés de la situation (c'est-à-dire du refus fait par les indigènes de livrer leur chef à M. de Sainte-Marie). Le R. P. Berne était venu à Tié en conférer avec moi.

Vers 10 heures, arriva de Wagap un groupe de jeunes gens qui nous racontèrent l'arrivée des gendarmes, la conversation engagée avec eux, le refus de tous les indigènes présents de livrer les chefs, les menaces du gendarme Lamadon de revenir avec les soldats les fusiller et les flingoter, comme à Hienghène, leur mécontentement d'entendre ces paroles, la crainte qu'ils avaient qu'on exécutât ces menaces..., etc., etc... Nous leur dîmes qu'il n'en serait rien, que ce n'était pas possible, que c'était une parole en l'air de ce gendarme qui était en colère, etc., etc.. Les indigènes se retirèrent : nous nous mîmes à table.

Vers la fin du déjeuner arriva à cheval Paul, le fils du chef d'Ina. C'était bien la quatrième ou la cinquième fois qu'il venait me trouver depuis l'emprisonnement de son père pour me demander le moyen de le délivrer. Il nous dit que son père était toujours malade de la dysenterie à la carabousse, qu'il voudrait bien trouver le moyen de le délivrer.

Nous nous consultâmes, le P. Berne et moi, pour trouver ce moyen et nous conclûmes que le meilleur était de conseiller à Paul de s'adresser au procureur de la République pour lui demander assistance pour son père malade.

Il accepte avec joie. — Impossible d'ailleurs de recourir à l'Administrateur en train de continuer sa tournée; on ignorait où il se trouvait. — Le télégramme fut écrit par Paul : nous lui indiquâmes seulement la manière de le rédiger convenablement.

Nous crûmes bien faire de dire à Paul : Puisque tu vas envoyer un télégramme pour ton père à la justice, tu peux conseiller à Antoine de faire comme toi ; écris donc un télégramme pour lui, puisqu'il est bien malade, et tu le lui feras signer, s'il veut, en t'en allant. Ainsi fut fait. Nous n'avons pas cru mal faire en indiquant à de malheureux indigènes un moyen de faire sortir leurs pères de la prison.

J'ai l'honneur d'être, etc....

Signé : B. Chalandon.

Nous empruntons à la déposition du R. P. Berne la suite :

Vers deux heures et demie, je quittai Tié. Tout le long du chemin que je parcourus assez lentement, au pas de mon cheval, je fus obsédé par la pensée que la menace des gendarmes allait peut-être bien se réaliser. J'étais littéralement oppressé, angoissé par la pensée qu'il pouvait arriver un grand malheur, et j'arrivai à Wagap sous cette poignante impression. J'y trouvai des indigènes, païens et chrétiens, en assez grand nombre. On parlait de s'enfuir, de se cacher. Je dis qu'il n'en fallait rien faire, que ce serait probablement le moyen de s'attirer d'affreux malheurs. Que faire alors ? J'avais pensé d'abord à télégraphier à mon chef de service, Mgr l'Évêque, mais je me souvins que lorsque les jeunes gens me racontaient l'affaire de Tié, l'un d'eux, jeune homme intelligent, avait parlé d'envoyer un télégramme à Nouméa. Et alors, je crus, à tort ou à raison, mais de bonne foi, que l'effet serait plus certain, en conseillant aux indigènes d'envoyer eux-mêmes une dépêche à la justice, pour déclarer simplement ce qui était arrivé : les menaces du gendarme, et pour demander, contre ces menaces, la protection de la justice française.

En cette occasion, je n'étais, d'ailleurs, qu'approbateur d'une démarche qui me paraissait régulière. En conséquence, l'un des indigènes présents écrivit, sous ma dictée, le télégramme qui fut signé par Lino, fils adoptif du vieux chef Robert.

« Nous tous les indigènes chrétiens et païens de Tihao, Poimbéi, Wagap, Tié avons refusé livrer nos chefs ce matin aux gendarmes venus pour les prendre parce que point argent pour capitation : gendarmes disent soldats viendront pour nous flingoter ; nous pensons ça signifie fusiller, demandons protection à justice française ; sommes bons et tranquilles.

Lino, fils du chef Wagap.

Sous le coup de cette angoissante situation, le R. P. Berne adressa le lendemain à Monseigneur le télégramme suivant :

Pour Nouméa de Tiéti. N° 14. Mots 119. Dépôt le 16 nov. 1899, à 8 h. 50.

Père Berne à Évêque. Nouméa.

Vous prie transmettre immédiatement à Gouverneur supplique suivante : M. le Gouverneur j'exhortais hier soir vieux bon chef Robert Wagap soldat français il y a 40 ans malade impotent à se laisser conduire en prison pour impossibilité payer capitation pour ses sujets lui disant que ce serait court. Il me répondit. Je suis beaucoup vieux et malade je vais mourir en prison. J'implore votre haute clémence pour lui et vous supplie avec larmes réelles car je pleure en écrivant faire rassurer au plus tôt malheureux indigènes réunis autour de lui menacés fusillade comme à Hienghène par gendarmes pour refus livrer chefs pouvant pas payer capitation, de plus éprouvés par épidémie dysenterie.

Berne, missionnaire.

Sa Grandeur se fit un devoir de transmettre aussitôt ce télégramme à M. le Gouverneur, par l'intermédiaire de son R. P. Provicaire, et voici le compte rendu de l'audience qui lui fut accordée à ce sujet :

ATTITUDE DE M. FEILLET

Nouméa, le 21 novembre 1899.

Monseigneur,

J'ai l'honneur de transmettre à Votre Grandeur les notes que vous m'avez demandées sur mon entretien avec M. le Gouverneur au sujet de l'affaire de Wagap.

Le 16 novembre dans la matinée, je me trouvais à l'évêché au moment où vous reçûtes, par télégraphe, la supplique du R. Père Berne à M. le Gouverneur. Vous me dites que vous ne pouviez voir M. Feillet, et que pourtant il pouvait y avoir grand intérêt à renseigner le Chef de la Colonie. Vous me chargeâtes donc de lui communiquer le télégramme.

M. le Gouverneur voulut bien me recevoir, et se montra même

assez courtois pour ce qui me concerne personnellement, me tendant la main à l'arrivée et à la fin de l'audience ; mais il me manifesta avec beaucoup de vivacité ses dispositions d'esprit envers la Mission et Votre Personne.

Dès la première communication, il me dit qu'il était au courant, QU'IL SAVAIT OU ÉTAIENT LES COUPABLES, QU'IL AVAIT DES PREUVES, ET QU'IL ÉTAIT DISPOSÉ A SÉVIR VIGOUREUSEMENT. « Je ne suis pas un imbécile, » me dit-il, et il ajouta qu'il lui était bien facile de voir que l'impôt de capitation n'avait rencontré de difficultés nulle part, sauf dans les tribus soumises à l'influence de la Mission.

Je me permis de faire des réserves respectueuses sur cette assertion, et je dis qu'en tous cas, pour la région de Wagap, les indigènes qui disaient n'être pas en mesure de payer, et qui prétendaient que pour cela on ne devait pas emprisonner leur chef, n'étaient pas tous sous l'influence de la Mission ; qu'il y avait parmi eux beaucoup de païens, que d'ailleurs les catholiques n'acceptaient pas si facilement en toutes choses la dirction de leurs Missionnaires. Pour le Père Berne, en particulier, j'en appelai à M. le Gouverneur lui-même qui précédemment avait bien voulu rendre hommage à son intelligence et à son dévouement dans une œuvre d'intérêt colonial.

M. Feillet me dit qu'il n'en voulait à aucun de nous, parce que nous ne faisons qu'exécuter ; nous sommes, comme il me dit, des soldats ; mais la responsabilité revient à celui qui nous dirige. Je répondis que les Missionnaires ne suivraient pas, et ne devraient pas suivre une direction qui serait contraire aux principes mêmes de la religion, si, par impossible, ils venaient à la recevoir.

M. le Gouverneur insista en disant qu'il savait fort bien que Mgr Fraysse possédait une très grande influence sur son clergé. Je dis qu'en effet Mgr Fraysse possédait cette influence, mais qu'il nous paraissait la mériter, qu'il avait toujours entretenu les meilleures relations avec les Gouverneurs précédents, qu'il en avait eu d'excellentes avec M. Feillet lui-même au commencement, que la situation actuelle, si fâcheuse, ne paraissait pouvoir s'expliquer que par des malentendus, et par le fait de certaines personnes qui se seraient interposées d'une façon bien malheureuse entre le Chef de la Colonie et l'Évêque.

Alors M. Feillet s'anima encore davantage, et il me déclara *que Mgr Fraysse l'avait trompé, et qu'il ne pardonnait jamais à ceux qui l'avaient une fois trompé,* QU'IL LES POURSUIVAIT JUSQU'AU BOUT. Il alla jusqu'à me dire qu'il n'était pas fait pour être fonctionnaire, qu'il aimait mieux s'appeler M. Feillet que M. le Gouverneur, qu'il était le plus ancien gouverneur de sa classe, parce qu'il avait voulu faire quelque chose, alors qu'on arrive facilement par une autre voie. Il était donc décidé à aller jusqu'au bout. Il dit que, dans le passé, Mgr Fraysse lui avait fait faire des avances par M. P..., et qu'il ne les avait pas acceptées. *Se levant alors, et montrant sa main droite*, il dit que jamais cette main ne toucherait celle de Mgr Fraysse. Il insista pourtant sur ce point qu'il n'était pas un sectaire, puisqu'il était allé jusqu'à confier l'instruction de son fils à l'un de nos confrères ; *il avait attaqué l'évêque*, mais pas la Mission. Je me permis de répondre à cela que la Mission avait pourtant bien reçu quelques éclaboussures, mais que les Missionnaires n'en restaient pas moins respectueux de l'autorité civile, et désireux de la seconder à l'occasion. C'était précisément l'objet de ma visite, et j'avais hâte d'en venir à cet objet. Je priai donc M. le Gouverneur de vouloir bien écouter les propositions que vous me chargiez de lui faire, pour contribuer autant que vous le pourriez, à l'apaisement.

Vous compreniez bien, lui dis-je, que l'autorité ne devait pas être mise en échec, et par conséquent les indigènes qui n'avaient pas voulu laisser prendre leur chef par les gendarmes devaient commencer par la soumission préalable. Vous ne pouviez et ne vouliez leur conseiller que cela. Cependant vous pensiez que si M. le Gouverneur voulait bien autoriser à laisser entrevoir l'indulgence après cette soumission préalable, ce serait sans doute de nature à calmer les esprits, et peut-être le moyen d'éviter des malheurs.

M. le Gouverneur s'était calmé. Il m'écouta avec attention, me dit qu'il était naturellement disposé à l'indulgence, que pourtant il ne nous autorisait point à le dire aux intéressés.

A la lecture de la supplique du R. P. Berne, M. le Gouverneur remarqua le passage où il était dit que les gendarmes avaient menacé de fusiller les indigènes. Il dit que si les gendarmes avaient fait cette menace, ils le paieraient. Je ne me rappelle pas exactement l'expression, mais ce fut une expression forte et dite avec vivacité.

Dans le cours de cet entretien assez long, M. Feillet me dit encore beaucoup de choses. Il s'étendit par exemple sur sa connaissance approfondie des indigènes qui lui permet d'être lui-même, suivant son expression « Son chef des affaires indigènes » sur la facilité du paiement de l'impôt de capitation. Je ne contestai rien de tout cela. Je me bornai à combattre l'idée que la Mission, sous l'impulsion de l'Évêque, *serait l'ennemie de son œuvre de colonisation :* je le pouvais bien, puisque, M. Feillet le sait, plusieurs colons sont venus de France sur la foi de renseignements que je leur avais fournis. Mais les idées de M. le Gouverneur étaient arrêtées d'avance et bien arrêtées.

Daignez agréer. . . . . . *Le Provicaire :*   V. D.

Cette sortie violente n'était que l'éclat d'une disposition d'esprit qui hante M. le Gouverneur depuis juillet 1897. Il avait dit, à cette époque, dans un discours au Conseil général : « Il m'est permis d'affirmer, et *je pourrais prouver au besoin* que, si un soulèvement d'indigènes n'a pas eu lieu, c'est qu'il est impossible. Les excitations n'ont pas été épargnées aux Canaques et il serait prudent, pour *les adversaires de la colonisation libre*, de quitter désormais ce terrain aussi dangereux pour eux que pour la colonie. »

Dans son discours du 6 novembre 1899, on se le rappelle, il a renouvelé avec insistance cette déclaration et il n'est pas un discours de Conseil général dans lequel M. Feillet n'ait pris la Mission à partie.

En octobre 1897, M. le Gouverneur fit appeler à Nouméa le R. P. Aubry, visiteur général des Missions d'Océanie, afin de traiter avec lui des griefs qu'il avait à formuler contre la Mission et contre son Chef.

Le R. P. Aubry, considérant la nature des allégations portées contre la Mission en général et Mgr Fraysse en particulier, considérant surtout le parti pris avoué par M. le Gouverneur de n'écouter aucune explication et de n'admettre d'autre solution que : *ou l'éloignement de Mgr Fraysse, ou la guerre ouverte en vue de la sécularisation,* déclara à M. le Gouverneur, dans l'audience du 29 octobre, qu'il ne pouvait conniver à la condamnation d'un prélat à qui on refuse les moyens de se défendre. Sur ce, M. le Gouverneur déclara qu'il reprenait sa liberté d'action, ne voulait plus rien entendre et que, dès le lendemain, il rechercherait les points faibles de la Mission et COMMENCERAIT UNE GUERRE ACHARNÉE. (*Extrait du rapport du R. P. Aubry.*)

C'est avec ces DISPOSITIONS D'AME que M. Feillet nomma, le 18, la Commission d'enquête.

Avant d'aller plus loin, faisons avec nos lecteurs la réflexion suivante :   . . . . .

Si la supplique du R. P. Berne, que nous avons reproduite, toute empreinte de droiture, de sincérité et d'émotion — peut-être un peu trop vive, mais cet excès ne
pouvait constituer un délit — avait été présentée à l'un
des gouverneurs qui ont précédé M. Feillet dans le gouvernement de la Calédonie — dans le cas, nous n'excep-
terons même pas feu M. Guillain — nul doute qu'elle
n'eût été accueillie avec bienveillance.

Avec l'espoir d'être traités avec clémence, les chefs se
seraient livrés d'eux-mêmes aux mains de la gendarmerie,
comme ils le feront bientôt, — hélas! sans bénéficier,
pour cet acte de soumission spontanée, d'aucune clémence, — et l'agitation de Wagap, si imprudemment
provoquée par les violences d'un administrateur inconsi-
déré, eût pris fin sans bruit, à la satisfaction de tous et au
triomphe de l'autorité.

Mais non, terminer l'affaire n'était pas la principale
préoccupation de M. Feillet; à la supplique, il oppose, de
parti pris, les fins de non recevoir que voici : IL SAIT,
LUI — bien avant les recherches de l'enquête, — OU
SONT LES COUPABLES, ET IL EST DISPOSÉ A ALLER JUSQU'AU
BOUT.

Les coupables, ce sont les prétendus ennemis de son
œuvre, les Missionnaires, qu'il poursuit depuis trois ans
de ses menaçantes invectives; c'est le R. P. Berne, l'auteur
de la supplique, qui est pour lui l'organisateur de la résistance, l'auteur de l'agitation, — comme si la teneur de
la supplique, pour tout homme non prévenu, n'est pas
par elle-même de nature à exclure cet horrible soupçon?
— En d'autres termes, pour compromettre administrativement les Missionnaires, l'occasion lui paraissait bonne;
il n'avait garde de la manquer. Nous verrons bientôt,
avec quelle violence, même après le rapport de l'enquête
dont on ne peut croire qu'il n'ait, avec son active intelligence, reconnu le faible, il poursuit personnellement
l'attaque.

Entre temps, les Missionnaires qui ne se doutaient point du coup de jarnac qu'ils allaient recevoir, sans arrière-pensée et avec la conviction qu'ils remplissaient un devoir, s'employaient à l'apaisement des esprits, encouragés du reste dans cette voie par Mgr le Vicaire Apostolique.

En effet, à la première nouvelle de l'incident qui lui fut portée par le télégramme suivant du 14 novembre :

Père Berne à Évêque, Nouméa. — Indigènes chrétiens et païens de la région ont pas voulu livrer leurs chefs aux gendarmes venus hier Wagap les arrêter pour capitation. Indigènes disent : avons point argent pourquoi prendre chefs ! On aurait menacé venir les fusiller, flingoter avec soldats, comme avant, à Hienghène — Restent calmes — *Faisons tout possible pour atténuer mauvais effet menaces,* mais indigènes ont voulu demander secours justice Nouméa. Disent avons point fait mal et voulons point faire à personne, pourquoi nous fusiller parce que nous pauvres !

Monseigneur répondit le 15 :

« Continuez à recommander instamment le respect et la soumission à l'autorité. »

Après la stupéfiante audience du 16, dont nous avons parlé, Sa Grandeur télégraphiait de nouveau :

« Ne puis que conseiller préalablement acte de soumission. Catholiques doivent en tout donner cet exemple. »

Le 17, le P. Berne répondait de Touho :

« Après avoir reçu votre télégramme recommandant soumission je suis venu à Touho, j'ai dit aux gendarmes de venir chercher les chefs promettant résultat satisfaisant. Ils m'ont répondu ne pouvoir marcher sans nouveaux ordres; situation très calme, mais pénible. »

Le 18, nouveau télégramme du P. Berne complétant le précédent.

« Après envoi télégramme hier, j'ai fait nouvelle tentative auprès bon vieux chef Robert malade, qui m'a répondu : je n'ai pas peur du tout mourir, mais j'ai peur mourir en prison, ou bien par là quand on me traînera... C'est navrant, je renonce à tout nouvel essai. Aucune influence sur Sylvéri, ni sur Kélé païen. D'ailleurs indigènes dispersés depuis hier. »

Le même jour, Monseigneur télégraphiait au **R. P. Berne** :

« Soyez sans inquiétude pour menaces faites. Chef des affaires indigènes va par *Saint-Antoine* faire enquête pour établir nature de la résistance et responsabilités, dit-on. »

Le R. P. Berne, le 20, à Monseigneur :

« J'ai vu hier soir Administrateur pour lui faire part commune protestation et pour lui parler situation. Longue conversation courtoise, mais pas de solution, sauf assurance qu'il n'y aurait point de fusillade. Calme complet. »

Le même jour, le R. Père compléta ce télégramme par le suivant :

« Administrateur a dit : « On ne tirera pas de coups de fusil et même les gendarmes disent qu'ils n'ont pas parlé de cela. Colons et missionnaires région avons entendu très nombreux indigènes affirmer aussitôt après venue des gendarmes à Wagap lundi que l'un d'eux avait dit : Nous reviendrons avec les soldats pour vous fusiller et vous flingoter comme à Hienghène. »

A la date de ce jour, prennent fin les faits et incidents qui ont précédé l'enquête.

III. — *La Commission d'enquête.*

MM. les enquêteurs s'embarquèrent, sans bruit, sur le courrier de la Côte-Est, le Dimanche, 19 novembre, et débarquèrent à Tiéti le 22 dans la soirée.

La décision qui les nommait (nous en avons donné le texte dans notre avant-propos), quoique datée du 18, ne parut que le 22 dans l'officieux. De sorte que la Commission était déjà sur les lieux, quand Nouméa apprit, à 5 heures du soir, de quels hauts fonctionnaires elle était composée.

On fut renseigné plus tôt à Tiéti, dans un certain milieu ; car, *dès le lendemain*, **23**, la Commission put siéger et entendre les dépositions de témoins, venus de Tibarama, Baye, Ponérihouen, c'est-à-dire **10, 20, 30** kilom., sans avoir été convoqués par les enquêteurs.

Elle put aussi dès lors recevoir, en due forme, une adresse à **M.** le Gouverneur, revêtue de **21** signatures dont deux de Ponérihouen et une de Touho. Destinée à appuyer l'enquête, elle lui demandait « *de bien vouloir prendre les mesures les plus énergiques pour réprimer l'espèce de rébellion qui se manifeste dans les tribus avoisinant les missions de Tié et de Saint-Léonard.*

Disons tout de suite que huit de ces signataires, reconnaissant plus tard que cette adresse était devenue entre les mains de ceux qui l'avaient préparée, une arme contre la mission, ont signé une contre-adresse couverte de **30** signatures et nettement formulée en faveur des Missionnaires.

Nous reparlerons de ces deux adresses dont la première a eu les honneurs de la publication à *l'Officiel* et la seconde a été considérée comme non avenue. Pour le moment, nous voulons seulement faire remarquer que le parti hostile à la Mission s'était agité et avait préparé les voies à **MM.** les enquêteurs.

M. DE SAINTE-MARIE PRÉPARE LES VOIES A L'ENQUÊTE

Des ordres auraient-ils été donnés de Nouméa? Nous n'avons aucun renseignement qui nous permette de le dire. Pour nous, l'auteur de cette agitation préparatoire n'est autre que M. de Sainte-Marie lui-même.

Rappelé du Nord par des télégrammes qui, — à en juger par les impressions qu'il a semées sur son passage, particulièrement à Hienghène — lui faisaient craindre d'être désavoué, après avoir entretenu les gendarmes de Touho de la situation (témoin les télégrammes du **20** ci-dessus cités), il arrivait chez M. Chiquet à la Ti-Ouaka, le dimanche 19 novembre.

Dans l'entrevue qu'il eut ce jour-là avec le R. P. Berne, il dit à ce Missionnaire : « Je vais me défendre, vous comprenez, je ne veux pas me laisser manger tout cru. »

Le lundi 20 novembre, il était déjà chez M. Poincheval pour préparer sa défense et on peut croire que les trois jours qu'il eut à y consacrer, avant l'arrivée de MM. les enquêteurs, furent bien employés : car il faut en convenir, s'il manque de circonspection, il ne manque pas d'activité.

On le vit se rendre avec M. Poincheval, en embarcation, à Ina et à Tibarama. — A qui fera-t-on croire que cette course n'eût pour but, de sa part, que l'agrément?

Quand on voit les colons de ces régions arriver spontanément, dès le 23, malgré la grande distance qui les sépare de Tiéti, pour déposer avec animosité contre la Mission et en faveur de M. l'Administrateur, n'est-on pas autorisé à dire (comme d'ailleurs cela a été dit dès lors et sur les lieux mêmes) qu'ils ont été prévenus et appelés par qui avait intérêt à entendre leur déposition?

Une fois la Commission arrivée chez M. Poincheval où l'attendait M. de Sainte-Marie, celui-ci a fait société avec MM. les enquêteurs, et, comme s'il en eût fait partie, il a suivi la Commission partout où elle a siégé.

Quelle influence a-t-il exercée, comme rabatteur de témoins, comme accusateur des Missionnaires, comme avocat dans sa propre cause?... Il serait difficile de le dire ; mais, on le voit, il a été à même de remplir tous ces rôles ; et ce qui est certain, c'est que, selon son expression, il s'est *démené* avec une activité peu ordinaire pour établir sa justification et faire triompher ses idées, et ses idées ne sont pas meilleures que ses agissements.

Comme administrateur — et nous ne voulons le considérer que sous ce rapport-là, — il est de l'école de ceux qui cherchent exclusivement dans l'intimidation et l'emploi de la force le moyen d'assurer l'ordre et l'obéissance de la part des populations indigènes.

Dès son arrivée, ayant rencontré un Missionnaire en visite chez un chef d'administration, il l'apostropha à brûle-pourpoint par ces paroles : « Ah! vos Canaques catholiques! vous allez voir si je vais les faire marcher. Ah! je m'en charge, moi! je vais les *souquer* comme il faut. » Etc., etc.

Que de fois, depuis, on l'a entendu répéter *crânement* ces paroles, et se faire une gloire des violences qu'il exerçait.

« On peut concevoir un système, dit M. Leseur (*dans son rapport sur le programme du Congrès de Sociologie coloniale*), qui investit les administrateurs des pouvoirs les plus étendus, les transforme en autant de despotes, créant des peines, les infligeant directement à leurs administrés, sans se soucier autrement de ne les faire porter que sur de véritables coupables. De pareils procédés ne risquent-ils pas d'aller contre leur but? — N'est-il pas à craindre qu'un pareil arbitraire dans la répression n'éveille chez les indigènes des ressentiments? »

Eh bien, M. de Sainte-Marie est de ce système-là. On dirait que ces lignes ont été écrites pour stigmatiser son attitude et son passage au Service des affaires indigènes. Quelque brillant que soit l'éloge pompeux qu'il s'est fait adresser dans la lettre remise à la commission d'enquête par le colon M. Trollé — lettre que d'aucuns, non sans vraisemblance, attribuent, en partie au moins, à sa plume — son passage en Calédonie a été des plus néfastes et des plus humiliants pour l'honneur de la France que, comme chef de Service, il était appelé à représenter auprès des indigènes.

« Ces races inférieures, dit encore M. Leseur, avec un très juste à propos, ont le respect de la force; elles ont aussi — développé parfois beaucoup plus qu'on ne le croit — le sentiment de la justice. »

Que M. de Sainte-Marie ne se fasse pas allusion. Dans ses fonctions de chef de Service des affaires indigènes, il ne s'est point attiré l'affection dont parle M. le Gouverneur dans son discours du 6 novembre 1899, mais bien, par son arbitraire, par ses grossièretés de langage, par ses violences et par son attitude personnelle, en plusieurs circonstances, le plus profond mépris des Calédoniens qui ont quelque idée de civilisation, et cela, sans que les *ennemis de la colonisation* aient eu besoin d'exciter en eux ce sentiment.

MM. LES ENQUÊTEURS

Nous avons annoncé dans notre avant-propos que nous ferions connaître MM. les membres de l'enquête ; le moment en est venu.

Oh ! notre intention n'est pas de dessiner leur physionomie de fonctionnaire, encore moins celle de l'homme privé. Nous n'en dirons que ce qui est nécessaire dans l'intérêt de notre défense et nous le ferons sans acrimonie et sans esprit de dénigrement. Nous n'avons rien à apprendre à nos lecteurs de Nouméa qu'ils ne connaissent déjà ; mais nous écrivons aussi pour nos lecteurs étrangers à la Calédonie et au monde colonial.

Ceux-là ont besoin de connaître les attaches, les idées préconçues et les dispositions d'esprit des membres de la Commission qui, par son rapport, a jugé et condamné la Mission.

Sans doute, il y a toujours quelque chose d'odieux à agiter des questions de personnes et cependant la loi autorise l'accusé à user largement de ce moyen de défense. Quelle que soit l'honorabilité de MM. les jurés ou assesseurs, la loi, admettant qu'en toute affaire les membres du jury doivent offrir des garanties même extérieures d'impartialité, autorise l'intéressé à en récuser un certain nombre.

C'est à ce point de vue que nous nous plaçons, et nous venons affirmer que, si MM. les enquêteurs eussent eu à exercer, dans un procès où la Mission fût partie intéressée, le rôle de jurés ou assesseurs, la Mission se serait empressée de les récuser.

En voici les motifs :

Commençons par M. Fawtier, chef du Service des affaires indigènes.

Cet administrateur, faisant alors, par intérim, les fonctions de secrétaire général, avait *publiquement*, en séance du Conseil général, le 10 novembre 1899, manifesté son opinion sur les soi-disant agissements occultes de la Mission lorsqu'il dit : « Je le sais, il y a quelques manœuvres et intrigues actuellement en cours pour empêcher les indigènes d'abandonner leurs terres à la colonisation, mais ces intrigues ne dureront pas et bientôt tout rentrera dans l'ordre. » Il est notoire que, par ces paroles, à la suite des invectives analogues de M. le Gouverneur dans son discours du 6 novembre, la Mission était visée.

En plusieurs autres circonstances particulières que M. Fawtier n'a pu oublier, quelques jours seulement avant de s'embarquer pour Wagap, il manifestait plus vivement encore ses idées préconçues au sujet de ces prétendus troubles.

Ces sentiments de M. Fawtier à l'égard de la Mission ne sont pas de nature à surprendre personne à Nouméa.

Lorsque, en 1889, il représentait en qualité de Directeur de l'Intérieur l'administration au Conseil général dans la session de septembre, au cours de laquelle fut votée une subvention en faveur de l'église de Nouméa, il se montra moins que sympathique à l'Œuvre, il demanda à surveiller l'emploi de ces fonds et se laissa aller jusqu'à prétendre que la construction manquait de solidité et qu'au nom de la sécurité publique, il fallait en arrêter les travaux.

Naguère, revenu dans la colonie, après dix ans de service, avec le grade de simple administrateur, on l'a entendu dans une réunion considérable de personnes qui en témoigneraient au besoin, imputer son insuccès dans sa carrière à la Mission.

Cet insuccès serait dû — *risum teneatis, amici,* — à ce que, en 1889, il n'aurait pas voulu approuver l'élection d'un certain conseiller général, partisan de la Mission.

Un petit incident de voyage, — ce sont des petits incidents qui révèlent les tendances — c'était à Thyo, le 20 novembre 1899, M. l'enquêteur descendu à terre regagnait le bord. En embarcation, devant bon nombre de co-passagers, il apostropha brusquement un indigène rameur qui portait ostensiblement une médaille : « Tu es catholique, toi ; l'argent que tu gagnes, c'est pour les Pères?... »

On le voit, M. Fawtier est dans les conditions où un juré serait récusé à bon droit. Tous les préjugés, en crédit dans le parti soi-disant républicain qui s'est formé contre les Missionnaires, ont trouvé créance en son esprit et il est hanté du spectre de la Mission.

M. Fortin, chef d'escadron d'artillerie.

Nous dirons peu de chose de ce deuxième membre de l'enquête. Respect à l'officier!

On fut cependant quelque peu étonné dans le monde nouméen au moment où des corvées extraordinaires de condamnés étaient mises d'urgence à la disposition de l'artillerie, pour l'installation des batteries de défense, de voir le chef de ce corps quitter la direction de ces travaux pour aller enquêter à Wagap, d'autant que par le courrier du 22 novembre M. le capitaine d'artillerie R..., était *expédié* en France Ceux qui savent par quels agissements et à la suite de quelles démarches cet officier a été contraint de s'embarquer, ont fait à ce sujet paraît-il, des réflexions et des rapprochements, mais passons. Il y avait en tout cas à cette époque à Nouméa des officiers d'autres armes et du même grade — si tant est qu'un officier de ce grade fût nécessaire — qui auraient pu se déplacer avec moins d'inconvénients.

Mais nous savons que M. le Gouverneur avait demandé de *préférence* M. Fortin. Cette préférence a pu honorer l'officier. Et nous, qu'il nous soit permis de le dire, elle a diminué la confiance que nous inspirait la présence d'un officier supérieur dans l'enquête.

M. Ch. Leconte, président de la Cour d'appel, président de la Commission.

Ce haut magistrat nous a été naguère dépeint, par la *Calédonie*, comme un poète d'une école nouvelle, « disciple très hautain des maîtres les plus inaccessibles et des artistes les moins populaires » Nous ne contredirons point à cette appréciation ; le rapport, qui est son œuvre en ce qui regarde la rédaction au moins, en plus d'un passage se ressent du souffle poétique *dont vit l'âme de M. Leconte.*

Nous savons aussi que M. le Président de la Cour d'appel a eu l'honneur d'arriver rapidement, et après d'excellents débuts dans la magistrature, aux fonctions élevées qu'il occupe, nous ne pouvons que l'en féliciter. Toutefois, nous regrettons d'avoir à le dire, sa présence dans l'enquête de Wagap comme président ne nous offre pas toutes les garanties désirables.

M. Leconte par sa première éducation n'est ni un huguenot ni un sectaire. Lors de son mariage, il sollicita avec la foi d'un catholique la bénédiction nuptiale à l'église, mais il fut étonné, probablement même vexé, qu'en cette circonstance la Mission ne consentit pas, en sa faveur, à passer sur des lois ecclésiastiques auxquelles il ne put se décider à se soumettre.

Il n'en est pas moins, par un contrat à la mairie et par une cérémonie au temple protestant, le beau-fils de M. Dézarnaulds père, une colonne du parti qui s'acharne contre la Mission. On se rappelle qu'en septembre 1896, dans sa plaidoirie, ce dernier avait pris pour thème : « *Les Maristes deviennent trop puissants dans la colonie ; au nom du salut public, il faut les combattre et les arrêter.* »

Il est donc aussi le beau-frère de M. J. Dézarnaulds qui, par arrêt de la Cour criminelle de Nouméa, en date du 25 septembre 1896, arrêt confirmé par la Cour de Cassation le 2 janvier 1897, fut condamné, comme civilement responsable, à 3.000 francs de dommages-intérêts pour diffamation à l'égard de la Mission au sujet des massacres survenus à Pouébo-Oubatche, en 1867.

Nous savons qu'un magistrat, en revêtant sa toge, sait, par devoir et par respect pour la justice, se dépouiller de ses attaches personnelles et nous ne nous permettrions pas de rappeler ici les attaches de famille de M. Leconte, si lui-même ne nous y contraignait par l'odieuse et diffamatoire accusation qui termine son rapport. (Voir dossier, p. 7, 1ʳᵉ col.)

« Nous considérions jadis, comme une légende inqualifiable, l'opinion des plus anciens colons relativement à la part prise par les Missionnaires dans la fermentation des troubles plus anciens. Nous avons été amenés à penser que

cette opinion avait une base réelle et que le présent rendait vraisemblables les accusations du passé. »

M. Leconte ne peut ignorer que deux jugements en due
forme ont mis les Missionnaires hors de cause, et com-
prend-on qu'un magistrat n'ait pas le respect de la chose
jugée?

Cette saillie diffamatoire, qu'aucune déposition au cours
de l'enquête n'a provoquée, n'est-elle pas un indice indéniable que, soit par attaches de parti, soit par attaches de
parenté, l'affaire de Pouébo hantait son esprit?

En outre, il est de toute notoriété à Nouméa que M. Leconte a eu, en dehors de son service, surtout en ces derniers
temps, des relations très suivies avec M. le Gouverneur :
visites actives et passives, rencontres à l'Anse Vata, etc...
Nous n'avons sans doute qu'à féliciter M. le président de
ces honorables relations; mais quand il vient nous dire
(voir p. 7, col. 1) *qu'il est dégagé de l'air ambiant*, qu'il
est *libre de tout préjugé,* nous avons des motifs plausibles
de nous montrer un peu incrédule.

Nous voulons même nous permettre de faire remarquer
que tout lecteur qui, avec esprit d'observation, voudra
prendre la peine d'établir un rapprochement d'idées entre
le rapport et le compte rendu (que nous avons publié) de
la sortie faite contre la Mission par M. le Gouverneur, dans
l'audience du 16 novembre, se convaincra aisément que,
de fait, intentionnellement ou non, le dit rapport tend,
par sa structure et par les insinuations et conclusions qui
y ont pris place, — bien qu'elles n'aient pu être l'objet de
l'enquête, — à répondre aux idées et aux desiderata ex-
primés au cours de cette audience. On se rappelle en particulier avec quel acharnement M. Feillet voulait engager
la responsabilité de l'Évêque en cette affaire. L'auteur du
rapport, avant de le clôturer, n'a donc garde d'oublier
qu'il faut mettre l'Évêque en cause.

Et voilà qu'après avoir dit que les Missionnaires sont la
cause occulte des troubles, il ajoute dans sa conclusion :

Leur mobile a été, *en dehors de l'obéissance à un mot d'ordre venu de haut qui est dans le domaine des probabilités, mais que rien de matériellement palpable ne permet de constater*, cette conviction ancrée dans leur esprit que la présence des nouveaux colons est nuisible... etc...

Et trente lignes plus loin, sans doute en raison du *mot d'ordre qui est dans le domaine des probabilités*, il invite le pouvoir central à *rappeler par des mesures effectives le Chef de la Mission locale et ses subordonnés au respect des traditions de leur ordre.*

Un mot encore du *Secrétaire à voix consultative*, M. POINCHEVAL, colon à Tiéti.

A tort ou à raison, ce colon passe pour être un ennemi de la Mission, si bien que le R. P. Chalandon a pu, sans étonner personne, refuser de déposer devant lui. Il est signataire, sinon auteur, de concert avec M. de Sainte-Marie, de l'adresse malveillante à l'égard de la Mission, qui fut remise à MM. les enquêteurs dès leur arrivée.

C'est lui qui amena, nous l'avons dit, le chef François à venir présenter *ses excuses* à M. de Sainte-Marie.

Enfin il est un fait qui, non seulement contient la manifestation publique des opinions préconçues de M. Poincheval, mais accuse chez lui une absence de toute retenue, c'est qu'après avoir rempli les fonctions de secrétaire, il écrit la lettre suivante, publiée dans *la Calédonie* du 23 janvier 1900 :

Tiéti, 23 décembre 1899.

Mon cher ami,

J'ai appris que vous deviez aujourd'hui partir pour Nouméa. Excusez-moi de vous demander un service *qui, en somme, est d'intérêt général.*

Ce serait de dire au Gouverneur que la pétition qui lui sera certainement présentée par la Mission..... comprend beaucoup de signatures de femmes.....

Il y a encore deux Bourbonnais, employés de Gillot L'Étang. Il serait bon de faire ressortir cela, car la pétition porte un nombre respectable de signatures *qui pourraient influencer.*

Signé : POINCHEVAL.

Voilà certes un secrétaire à voix consultative qui ne cache pas ses opinions!

Dans ces conditions, qu'il nous soit permis de le dire, MM. les membres de l'enquête, quelle que soit leur honorabilité personnelle ou leur valeur professionnelle que nous ne voulons aucunement mettre en doute, — il y a des hommes de valeur dans tous les partis, — n'offraient pas à la Mission, dans leur ensemble, les garanties d'impartialité que, d'après la loi, et le droit administratif, tout inculpé a le droit de demander des jurés ou enquêteurs appelés à le juger.

*
* *

Au reste, le décret du **23 janvier 1889**, qui règle la composition des Commissions d'enquête pose en principe que non seulement les membres de l'enquête doivent offrir toute garantie d'impartialité, mais encore qu'un fonctionnaire de la catégorie de celui qui est l'objet de l'enquête doit en être membre pour y défendre au besoin les intérêts de son collègue ou du service auquel il appartient.

La Commission d'enquête était-elle constituée selon toutes les dispositions du décret précité, en ce qui regarde M. de Sainte-Marie? Aux termes du décret, non. Mais ceci nous importe peu.

Était-elle convenablement constituée selon l'esprit du décret, pour enquêter contre les Missionnaires?

Non, certainement. Un Missionnaire eût dû en faire partie. Et puis, n'est-ce pas une étrangeté inouïe qu'après avoir été nommée pour examiner des faits reprochés à M. de Sainte-Marie, comme par une saute de vent, elle instrumente contre les Missionnaires qu'elle transforme, sans avis préalable, de témoins en accusés, et en accusés qui seront condamnés et jugés par le Rapport inséré à *l'Officiel*, sans avoir été appelés à s'expliquer; bien plus, sans savoir qu'ils étaient mis en cause?

Nous certifions que le R. P. Berne n'a connu que par la lecture du dossier les principales accusations formulées contre lui, celle en particulier d'avoir prononcé à Thyé les paroles suivantes : « *Faites-vous catholiques et le Gouvernement ne vous prendra pas vos terrains* », paroles sur lesquelles M. le rapporteur échafaude ses principales conclusions contre la Mission.

« Nous signalons, dit-il, ces paroles qui sont authentiques puisqu'elles nous ont été dites textuellement par Silveri lui-même » (*Alors le témoignage, non contrôlé, d'un Canaque qui n'a pu déposer que par interprète est, pour M. le rapporteur, une preuve suffisante, quand il s'agit d'une accusation si grave?*) « parce qu'elles résument et expliquent la situation actuelle, non seulement dans les tribus canaques, mais dans la population entière de l'île. »

Et cependant, le R. P. Berne eût aisément démontré qu'il n'a jamais dit ces paroles, s'il eût été mis à même de s'expliquer et de se défendre. Déjà, il a protesté hautement dans la presse contre cette accusation; il en a démontré la fausseté et l'invraisemblance, et il est prêt à en faire la preuve irrécusable devant toute juridiction. Nous le dirons hautement et ne cesserons de le répéter, la Mission a été prise à partie, par la Commission d'enquête de Wagap, dans des conditions où les lois les plus élémentaires de la justice administrative ont été foulées aux pieds.

La Commission elle-même semble avoir eu conscience qu'elle n'offrait pas toutes les garanties désirables et, à quatre reprises différentes dans le rapport, elle se croit obligée — ce qu'un magistrat ordinairement ne pense jamais à faire — d'affirmer son impartialité : « la Commission a, *avec une impartialité absolue*, été conduite par le seul désir de faire la *lumière* la plus complète. » (Dossier, p. 2, col. 2.)

Quelques lignes plus loin, nous lisons : « Nous nous sommes formé, librement et abstraction faite de tout préjugé, une opinion, et les conclusions de ce rapport résumeront cette opinion *en toute impartialité.* » (Dossier p. 3, col. 1.)

Et encore : « Appelés à vérifier les causes des désordres signalés dont l'origine était attribuée aux actes de M. de Sainte-Marie, nous avons, *après un examen impartial des faits,* été amenés à conclure qu'ils avaient une autre cause » (dossier, p. 7, col. 1) et immédiatement après : « nous n'avons pas besoin de dire que notre conviction s'est formée en toute liberté, *en toute indépendance d'esprit* ».

Vraiment, cette insistance nous porte à croire que MM. les enquêteurs ne se sentaient pas très à l'aise en face de l'opinion publique et, une fois de plus, ils nous autorisent à déclarer qu'en l'espèce, nous étions en droit de les récuser.

LES GENDARMES

Enfin, un mot sur MM. les gendarmes de Touho qui, comme agents et comme témoins, ont pris une large part aux affaires de Wagap.

Inutile de déclarer que nous professons pour le corps d'élite auquel ils appartiennent une haute estime, mais justement nous avons à faire connaître que MM. les gendarmes de Touho, tout entiers à leurs rêves de colonisation, ont sacrifié l'esprit de corps aux intérêts de leur avenir comme colons, et de là leur zèle outré pour plaire à celui qui devait leur donner leurs concessions. Les trois gendarmes en effet, qui ont pris part aux affaires de Wagap, soit comme agents, soit comme témoins, sont en instance de demande de concession, et se sont taillé d'avance dans les vallées environnantes de leur résidence un petit domaine à leur goût.

Jugez, quand ils ont appris, peut-être directement, en tout cas au retour de M. de Sainte-Marie, le 18 novembre que le Gouverneur ne leur pardonnerait pas d'avoir menacé les gens de Wagap d'une fusillade, s'ils se sont trouvés dans l'embarras? Mais le moyen de nier des paroles lancées avec éclat dans une réunion de 200 hommes, dont 50 au moins ont compris le sens?

Ils l'osent pourtant, et M. le rapporteur de l'enquête n'hésitera pas à nous dire que, malgré l'affirmation de 10 témoins indiqués, — il eût pu en avoir 50 — malgré le témoignage du R. P. Berne, qu'en vertu du *système de la cristallisation des idées*, connu des magistrats, la négation de M. Lamadon est une hypothèse admissible.

Mais voici que des contradictions révèlent l'incohérence des dépositions, particulièrement en ce qui regarde le gendarme Lamadon.

Aussi, le mardi 28 novembre chez M. Chiquet, MM. les enquêteurs demandent à M. Lamadon :

D. — Par qui avez-vous eu connaissance, pour la première fois, du propos qui vous était attribué.

R. — Je n'en ai eu connaissance que par le gendarme Depoisier, lorsqu'il est revenu, samedi dernier, au poste de Touho, après avoir déposé devant la Commission.

D. — Il ne vous avait donc pas parlé de la conversation qu'il avait eue avec le P. Berne?

R. — Je savais que le P. Berne était venu au poste, mais M. Depoisier ne m'avait pas dit quelle avait été sa conversation avec lui.

Confrontation { A ce moment, nous faisons introduire devant la Commission M. Depoisier.

D. — Quel jour avez-vous parlé, à M. Lamadon du propos que lui attribuait le P. Berne?

R. — Le jour même où a eu lieu la conversation.

D. — (A M. Lamadon.) Comment conciliez-vous votre déclaration avec celle de M. Depoisier?

R. — Je m'en rapporte à ce que dit M. Depoisier, mais je n'avais probablement attribué aucune importance à cette histoire, puisqu'elle m'était absolument sortie de l'esprit.

En vérité, il est difficile d'admettre que M. Lamadon ait eu la mémoire si prodigieusement courte, et ne se soit pas souvenu s'il avait appris le propos qu'on lui attribue 3 jours ou 11 jours avant sa déposition, alors que, dans l'intervalle, il s'en était entretenu avec M. de Sainte-Marie — comme celui-ci l'a déclaré au R. P. Berne, dans l'entrevue chez

M. Chiquet — et avec M. le maréchal Laborderie. (V. dép.
de ce dernier, dossier, p. 25, col. 1.)

Ce n'est pas d'ailleurs la seule contradiction à relever
entre M. Lamadon et ses collègues; M. Laborderie dans sa
déposition et M. Depoisier dans son télégramme au chef
du Service des affaires indigènes, déclarent qu'ils étaient
chargés de procéder à l'arrestation des chefs Robert, Silveri et Kéla. M. Lamadon dépose le contraire. (Dossier, p. 39,
col. 1.)

D. — Comment avez-vous compris exactement votre mission?
**R. — Nous n'étions pas chargés de procéder à l'arrestation des
chefs.**

Tels sont les gendarmes, ou plutôt les futurs colons qui,
durant toute l'affaire, ont déployé un zèle outré. Bientôt,
même, nous verrons M. le maréchal télégraphier à M. le
Gouverneur, pour demander l'expulsion du P. Chalandon,
avec un tel empressement qu'il en *attend la réponse au
fil.*

Après ces renseignements sur les principaux personnages qui ont pris part à l'enquête, reprenons l'historique
des faits.

*
* *

A peine l'enquête avait-elle commencé ses travaux qu'il
se disait à Nouméa : M. le Gouverneur a reçu des télégrammes de MM. les enquêteurs, il est dans la jubilation..... Si
dans sa salle à manger avec ses fidèles ou sous la véranda
du Conseil général il eût parlé dans un phonographe, les
indiscrétions qu'il aurait dû prévoir nous permettent de
l'affirmer, le phonographe nous redirait aujourd'hui :

« Cette fois, je les tiens; il m'avait jusqu'à ce jour manqué une pièce administrative; cette fois, je vais l'avoir, signée par des personnages dont le grade impose. »

MM. les enquêteurs, après 15 jours d'un labeur inces-
sant, après avoir poussé leur course jusqu'à Pouébo, pour
rechercher les *faits connexes*, rentrèrent à Nouméa, ou

plutôt allèrent rendre compte de leur mission à M. Feillet, alors en villégiature chez M. Devambez, près Bouloupari.

La presse attendait avec impatience la communication du rapport de l'enquête. Rien ne venait.

M. le Gouverneur voulait en soumettre les conclusions au Conseil privé, et cette communication ne devait avoir lieu que le 29 décembre.

L'affaire n'était pourtant pas en chômage.

Le jour de Noël, à l'issue de la messe pontificale, le jour où la population tout entière était en proie aux premières impressions que causait l'apparition de la peste, au moment où on pouvait croire que M. Feillet, rentré précipitamment le 22, à la nuit pour prendre les dispositions administratives que réclamait la situation, n'avait d'autre préoccupation que d'arrêter le fléau, Mgr le Vicaire apostolique reçut un pli du Gouvernement que de prime abord on présumait relatif à la peste.

Mais non, c'était un billet, daté du 25, qui portait la communication suivante :

« Le Gouverneur me charge de vous prier de vouloir bien venir à son Cabinet demain mardi, à 9 h. 1/2 du matin. Il a une communication importante à vous faire, au sujet des événements qui viennent d'avoir lieu dans la région de Tiéti, Wagap et Touho. »

Signé : Martin secrétaire.

Monseigneur écrivit à M. le Gouverneur pour lui accuser réception de l'avis et ajouta :

En conséquence, je me fais un devoir d'envoyer le R. P. Douceré, mon provicaire, chargé des affaires administratives, pour recevoir, en mon nom, la communication importante que vous vous proposez de me faire. Je regrette, monsieur le Gouverneur, de ne pouvoir me présenter en personne ; mais vu l'attitude que vous avez eue à mon égard depuis le mois de juillet 1897 et particulièrement la déclaration que vous avez faite à mon provicaire, le 16 novembre dernier, que jamais votre main ne toucherait la mienne, il me semble préférable de vous envoyer mon représentant administratif à qui je donne tout pouvoir, pour parler et traiter en mon nom.

J'ai l'honneur d'être...

Le lendemain, à l'heure indiquée, le R. P. Provicaire, porteur de cette lettre, se rendit au cabinet de M. le Gouverneur.

Nous croyons utile de reproduire ici le compte rendu de l'audience que le R. Père adresse à Mgr le Vicaire apostolique en lui remettant le procès-verbal.

Nouméa, le 27 décembre 1899.

Monseigneur,

J'ai l'honneur de vous adresser, avec le procès-verbal de la réunion tenue hier dans le cabinet de M. le Gouverneur, les notes complémentaires qui pourraient être de nature à vous éclairer sur les termes de ce procès-verbal.

M. le Gouverneur m'accueillit, comme toujours, avec courtoisie. Je lui remis votre lettre dont il prit connaissance sans faire aucune observation. Il me demanda seulement après si j'avais pleins pouvoirs pour prendre toutes décisions qui me seraient demandées. Je répondis affirmativement, me réservant toutefois le temps de la réflexion, si cela me paraissait nécessaire. M. le Gouverneur m'avertit ensuite qu'on prendrait des notes pour la rédaction du procès-verbal.

A vrai dire, Monseigneur, j'aurais préféré la présence d'un sténographe, car beaucoup d'idées qui ont été échangées et dont la consignation pourrait avoir une certaine utilité devaient nécessairement être omises dans la rédaction d'un simple procès-verbal.

Je comblerai ici quelques-unes de ces lacunes inévitables. Lorsque M. le Gouverneur me parla du télégramme qui aurait été dicté par le P. Berne, « télégramme qui a mis le feu aux poudres », je demandai d'abord : « A qui ce télégramme a-t-il été adressé? » — « Au chef du service judiciaire. » Alors je pris la défense du P. Berne, disant que ce télégramme ne pouvait avoir mis « le feu aux poudres », puisqu'il n'était pas public, et que, d'autre part, en conseillant aux indigènes, alors très exaltés, l'emploi d'un recours légal, le P. Berne prenait en définitive un moyen efficace de calmer leur exaltation, et peut-être de faire éviter des malheurs. J'ai aussi relevé, sans y attacher d'ailleurs une grande importance, l'assertion de M. le Gouverneur disant que c'était *une incorrection grave* de s'adresser au Chef de la justice, et qu'il fallait s'adresser *directement* au Gouverneur. Depuis, j'ai appris que, d'après les usages actuellement en vigueur ici, c'est en effet au Chef de la Colonie que vont directement toutes plaintes formulées contre les indigènes ou par les indigènes. Je l'ignorais, pensant que la répression, par voie administrative, ne s'appliquait qu'aux délits dits « spéciaux à l'indigénat ». Je pense que le P. Berne devait être aussi dans l'erreur, et je crois le connaître assez pour être bien sûr qu'il ne voudrait pas sciemment manquer d'égards au Chef de la Colonie, d'autant que M. Feillet a bien voulu, dans le passé, lui donner personnellement des témoignages d'estime et de bienveillance.

En plus du reproche fait au P. Berne, M. le Gouverneur m'a aussi parlé d'autres griefs qui auraient été découverts contre le P. Chalandon et le P. Vincent, je crois ; mais sans rien me lire du dossier à ce sujet. Comme je disais à M. le Gouverneur que j'étais pourtant bien obligé de connaître les griefs, si j'étais appelé à prendre une décision basée sur ces griefs, il me répondit *qu'il ne voulait pas discuter en ce moment, que ce serait discuté au Conseil privé*. J'ai émis nettement le principe incontestable que les fautes, s'il y en avait, sont personnelles ; il m'a paru que le procès-verbal mettait un peu en relief cette déclaration, faite par moi, que si tel missionnaire est coupable, il est juste qu'il soit puni, et par contre j'ai trouvé que le procès-verbal laissait un peu dans l'ombre la réserve que j'avais faite en disant que je ne croyais pas réellement à la culpabilité de mes confrères. Mais comme l'essentiel de mes paroles est consigné, je n'ai point voulu ergoter sur ce point avant la signature.

D'ailleurs, le respect dû au Chef de la Colonie m'avait interdit de nier carrément, lorsqu'il me disait avoir dans le dossier de l'enquête des preuves bien positives, et cela explique sans doute la rédaction du procès-verbal.

Après cet exposé sans détails des fautes reprochées aux Missionnaires et attribuées, malgré mes réclamations, au chef de la Mission qui les a inspirées ou du moins laissé commettre, M. le Gouverneur me demanda comme réparation de notre part de faire donner *ordre* aux trois chefs Robert, Kélé et Silvery d'aller se constituer prisonniers à Touho, me disant très nettement que de cette démarche faite par nous, et du succès de cette démarche dépendrait la décision.

A cette demande, je fis deux observations très catégoriques : 1° que nous n'acceptions pas de le faire comme *réparation*, car nous ne nous reconnaissions pas coupables ; — 2° que, n'ayant pas sur les indigènes l'autorité qu'on nous attribuait, nous ne pourrions pas donner des ordres, ni répondre absolument du succès de nos conseils. Ces réserves étant faites, je dis à M. le Gouverneur qu'il nous trouverait toujours disposés à donner notre appui moral à l'autorité civile. Je lui rappelai l'audience du 16 novembre dans laquelle lui transmettant la supplique du P. Berne en faveur des indigènes, je lui avais précisément proposé d'intervenir ainsi par voie de conseil pour obtenir la soumission. Il avait accepté et immédiatement vous aviez lancé votre télégramme au P. Berne. « C'est vrai, me dit le Gouverneur, mais cette démarche n'a pas été suivie d'effet. » — « Pardon, répondis-je, après la réception du télégramme, le P. Berne s'est mis en campagne près des indigènes, et a fini par avoir raison de leur résistance. Il s'est ensuite rendu lui-même à Touho pour dire aux gendarmes que s'ils revenaient procéder à l'arrestation, ils ne trouveraient plus aucune résistance. M. le Gouverneur répliqua que cela ne suffisait pas, qu'après la résistance à l'autorité les indigènes devaient aller se livrer eux-mêmes. Je dis que le 16 novembre, il n'avait pas demandé cela, que s'il l'avait demandé quoique ce fût chose plus difficile, on l'aurait conseillé, et peut-être obtenu, qu'enfin on allait donner ce conseil.

Il me reste, maintenant, Monseigneur, à relater quelques incidents qui se sont produits au sujet de la signature du procès-verbal, incidents assurément sans portée, mais qui expliqueront pourquoi je n'ai pas suffisamment insisté pour faire consigner tous les développements que j'aurais voulu voir inscrits dans cette pièce.

M. le Gouverneur me lut lui-même le projet de procès-verbal. Je fis quelques remarques; en particulier je demandai la suppression du mot *réparation*, répétant que si nous consentions à envoyer le télégramme pour conseiller la soumission, nous entendions par là accorder un concours et non une *réparation*. Il m'avait paru tout de suite que c'était le point capital, que nous ne devions pas faire même un semblant d'aveu, puisque nous ne nous reconnaissions pas coupables. M. le Gouverneur effaça le mot. Il me dit que d'ailleurs la rédaction me serait soumise pour toutes observations que je croirais devoir faire.

Dans l'après-midi, un tout jeune employé, M. B., m'apporta la pièce toute prête pour la signature et en un seul exemplaire. En me la remettant, il me dit, de vive voix, que si j'avais quelques remarques à faire, il fallait les inscrire sur une feuille à part, et signer la pièce telle quelle. Je lus et lui dis que, ne pouvant signer, j'allais écrire une lettre et que, pour ne pas le faire attendre, je l'enverrais au Secrétariat du Gouvernement avec la pièce à modifier. Il me dit qu'il attendrait; je rédigeai donc, un peu trop à la hâte peut-être, une demande de modifications, me bornant à celles qui, à mon point de vue, paraissaient essentielles. Je regrette maintenant de n'avoir pas plutôt demandé au Secrétaire le temps de la réflexion, ce qu'il n'aurait fait aucune difficulté d'accorder. Quand je remis le pli au porteur, il prit une attitude qui m'aurait paru absolument incorrecte, si je n'avais pas eu affaire à un tout jeune homme, je dirai, pour l'ex-

cuser, *un enfant*. Il me demanda si je n'avais pas signé, me dit qu'il
fallait signer et il entr'ouvrait l'enveloppe. Je la repris, la cachetai, et
lui dis : « Portez cela. »

Le lendemain matin, avant huit heures, M. Martin, secrétaire du
Gouverneur, venait me trouver, très correct et très affable. Je lui ra-
contai ce qui s'était passé la veille avec son jeune employé, lui demandant de le gronder un peu en excusant toutefois son âge. M. Martin
s'excusa lui-même, disant qu'il aurait dû venir en personne. — Je lui
dis que je regrettais bien de le déranger ainsi, et de lui donner ce
surcroît de travail, mais que la pièce me paraissait avoir une importance sérieuse pour le Conseil privé de vendredi prochain. M. Martin
ne croyait point à cette importance, jugeant que toute l'affaire était
absolument finie après mes déclarations à M. le Gouverneur.

Il ne me rapportait la pièce qu'avec les corrections et les additions
faites en marge : ces additions ou corrections portaient principalement sur l'aveu de culpabilité de la Mission que je voulais à tout prix
éviter. M. le Gouverneur ayant, comme je l'ai dit plus haut, effacé le
mot *réparation*, on y avait substitué le mot *conséquence*, je ne pouvais admettre non plus que nous conseillions la soumission *en conséquence* de notre immixtion dans l'affaire. M. le Gouverneur ad-
mettait encore que ce mot ne fût pas inséré au procès-verbal, mais
après cette correction que j'avais demandée, il ajoutait que pourtant
l'envoi du télégramme était *nécessaire* après l'intervention de la Mission. Je dis donc à M. le Secrétaire que, puisque M. le Gouverneur
jugeait à propos d'ajouter quelque chose, je devais aussi renforcer
ma pensée. C'est alors que je demandai à mettre avant ma signature
la déclaration formelle suivante : « Avant de signer, le Père Douceré
tient à déclarer une dernière fois qu'en envoyant le télégramme, pour
conseiller la soumission aux trois chefs rebelles, il n'entend nullement
reconnaître une immixtion irrégulière de la Mission dans l'affaire à
laquelle se rapporte le procès-verbal ci-dessus. » M. Martin rentra au
Gouvernement, et revint presque aussitôt. M. le Gouverneur acceptait.
Toutefois, je ne pus m'empêcher d'être un peu surpris que le Secrétaire me proposât de signer la pièce toute raturée, chargée d'additions en
marge, sans aucune notification de ces ratures ou additions. De plus,
il ne me présentait toujours qu'un exemplaire, je voulais posséder
une copie principalement, vous le comprenez, Monseigneur, pour ma
justification vis-à-vis de vous et de mes confrères. Nous insistâmes
de part et d'autre, en restant toujours, bien entendu, dans les termes
de la politesse. Finalement, je proposai à M. Martin, pour ne plus le
déranger, de me rendre à son bureau où je signerais la pièce dûment
recopiée, en même temps qu'il me donnerait une copie certifiée conforme. M. le Secrétaire mit un grand empressement à faire écrire ces

deux pièces qui ont été collationnées et signées l'une par lui, l'autre par moi, à 2 heures de l'après-midi.

Veuillez agréer,.........

V. D.

Procès-verbal.

Le mardi vingt-six décembre mil huit cent quatre-vingt-dix-neuf, à 9 heures et demie du matin, dans le cabinet du Gouverneur :

Étaient présents : Le Gouverneùr; MM. Hibon, secrétaire général; Colardeau, chef du Service administratif; Fawtier, chef du service des Affaires indigènes, et le P. Douceré, curé de Nouméa, envoyé par l'évêque en qualité de son provicaire, ayant pleins pouvoirs.

Le *Gouverneur* prend la parole.

Il résulte, dit-il, de la lecture du dossier formé par la Commission d'enquête nommée pour examiner les faits de rébellion des tribus de la région de Wagap que la Mission, dans toute cette affaire, a eu une attitude pour le moins très imprudente. Il ne veut pas en dire plus. D'ailleurs, son intention en ce moment n'est pas de discuter. Pour donner une preuve irréfutable de cette attitude, il va donner lecture du passage de la déposition du R. P. Berne où celui-ci déclare avoir dicté lui-même le télégramme adressé à la Justice par l'un des chefs. Vous n'ignorez pas, ajoute-t-il, s'adressant directement au P. Douceré, que cette dépêche est celle qui a mis le feu aux poudres. En effet, c'est à partir de ce moment que la *France Australe* a parlé d'agitations graves et de rébellion dans les tribus.

Le *P. Douceré* répond qu'il ne croit pas que cette dépêche ait eu cette influence, d'autant plus qu'elle n'était pas destinée à être rendue pu-blique, étant adressée personnellement au chef du Service judiciaire. D'ailleurs la *France Australe* ne reçoit pas les inspirations de la Mission; il est prêt à l'affirmer. En ce qui concerne son envoi au Procureur général, il n'y a pas, à son avis, de fait répréhensible. C'était simplement indiquer aux indigènes un moyen légal de faire parvenir leur plainte à l'autorité supérieure.

Le *Gouverneur* réplique qu'à son avis, cette dépêche a bien eu cette déplorable influence. C'est d'ailleurs une incorrection notable d'avoir adressé au Procureur général cette dépêche qui aurait dû être adres-sée au Chef de la Colonie; personne n'ignorant dans la Colonie que le Gouverneur seul, en vertu du décret sur l'indigénat, a tous pouvoirs pour s'occuper des affaires indigènes et les régler. L'immixtion de la Mission dans toute cette affaire est certaine.

Le *P. Douceré* arrête le Gouverneur sur ces mots : « Je proteste, « Monsieur le Gouverneur. La Mission ne s'est pas mêlée de cette af-

« faire. J'ignore si le P. Berne et d'autres Missionnaires sont coupa-
« bles ; mais les responsabilités sont personnelles et la Mission en
« général ne peut être accusée. »

Le *Gouverneur* dit qu'il prend bonne note de cette déclaration.
D'ailleurs, il le répète, il ne veut pas discuter ici. La discussion aura
lieu en Conseil privé. Voici ce qu'il voulait demander à l'Évêque et ce
qu'il va demander au P. Douceré, puisque le P. Douceré est envoyé
par l'Évêque pour le remplacer.

Il est nécessaire que les trois chefs indigènes, Robert, Kela et Sil-
véry, qui se sont mis en état de rébellion, aillent se livrer à la gendarmerie de Touho. Quarante-huit heures leur sont données pour se
soumettre. Passé ce délai, la gendarmerie de Touho, renforcée comme
il est nécessaire, se rendra sur les lieux et *manu militari* procédera à
l'arrestation des rebelles.

Il prie donc, comme conséquence de son immixtion dans ces affaires, la Mission, — l'Évêque — qui en est le chef, de donner des ordres
à ses Missionnaires de la région, pour qu'ils conseillent fortement —
ils en ont le pouvoir — aux Chefs rebelles d'aller se constituer prisonniers.

Le *P. Douceré* assure que ce conseil a été déjà donné (ainsi qu'il
l'a été proposé dans la première entrevue avec le Gouverneur au début de cette affaire), que bien volontiers la Mission est disposée à le
donner encore, mais qu'elle ne peut impérativement dire aux Canaques : « Allez à Touho ». — Car en réalité les Canaques ne dépen-
dent pas d'elle — ni accepter de le donner comme réparation de son
immixtion dans l'affaire en question, immixtion qu'il ne reconnaît
pas en tant du moins que coupable.

Le *Gouverneur* répond que cela n'est pas exact. La Mission a une
influence très grande, énorme, complète presque, sur les tribus en
question. Par conséquent, si les Canaques refusent de se rendre aux
conseils qui leur seront donnés par elle, il devra considérer la Mission comme responsable de ce qui pourra arriver. Si la démarche à
faire par la Mission auprès des chefs rebelles, pour les engager à se
soumettre, ne doit pas être considérée comme une réparation de son
immixtion dans l'affaire, du moins elle est la conséquence obligatoire
de cette immixtion.

Le *P. Douceré* proteste. En admettant, dit-il, qu'un Missionnaire,
que plusieurs Missionnaires se soient rendus coupables, ils le seraient
seuls — ce qu'il ne croit pas — la Mission ne peut être incriminée
tout entière de la faute possible de l'un de ses membres.

Le *Gouverneur* répond que le raisonnement du P. Douceré n'est pas
bien exact. La Mission est fortement hiérarchisée ; par conséquent,
son chef — l'Évêque — en l'espèce, a tous pouvoirs de se faire obéir

de ses subordonnés. Les chefs qui ne veulent pas se faire obéir se rendent en quelque sorte complices des fautes de leurs subordonnés.

Le *P. Douceré* proteste de nouveau. Il n'accepte pas, il ne peut accepter pour la Mission tout entière la responsabilité pouvant incomber à un de ses membres. Si ce membre a fauté, s'il est reconnu qu'il est coupable, il doit être puni, rien de plus juste. Il rappelle que la Mission a donné la Nouvelle-Calédonie à la France, et que, depuis l'annexion, elle a toujours, dans la mesure de ses moyens, prêté son appui à l'autorité civile. Le missionnaire catholique est soumis à la cour de Rome, et par conséquent, il est profondément respectueux de l'autorité civile. Si un Missionnaire a fauté, qu'il soit puni; la Mission l'accepte parfaitement.

Le *Gouverneur* répond qu'après les déclarations échangées ici, et par suite de l'influence reconnue de la Mission sur les chefs indigènes dont il est question, cette responsabilité discutable pour les événements antérieurs ne le serait plus à partir d'aujourd'hui; il ajoute d'ailleurs que la déclaration que vient de faire le P. Douceré le satisfait complètement, qu'il n'en demande pas d'autre et prescrit de dresser immédiatement le procès-verbal de la réunion.

Avant de signer, le P. Douceré tient à déclarer une dernière fois qu'en envoyant le télégramme (ce qui a été fait ce jour), pour conseiller la soumission aux trois chefs rebelles, il n'entend nullement reconnaître une immixtion irrégulière de la Mission dans l'affaire à laquelle se rapporte le procès-verbal ci-dessus.

Fait à Nouméa, les jours, mois et an que dessus.

Signé :   FEILLET, DOUCERÉ, *prov.*

COLARDEAU, HIBON, FAWTIER.

Quel a été le but que M. le Gouverneur s'est proposé dans cet appel en audience? Était-ce une manœuvre d'intimidation? Était-ce un piège destiné à arracher à la Mission un aveu d'immixtion irrégulière dans les affaires canaques? Était-ce un simple expédient pour faire rentrer en prison, *par l'entremise de la Mission*, les chefs que les gendarmes n'osaient plus aller chercher? Nous sommes encore à nous le demander.

En fait, elle eut ce dernier résultat. Sur les données et en exécution des promesses faites par son Provicaire,

Monseigneur envoya au R. P. Chalandon le télégramme suivant, qui eut un plein succès :

Évêque à Père Chalandon à Tyé par Tiéti — par exprès.

Je vous confirme télégramme du 16 novembre au Père Berne ainsi conçu : Ne puis que conseiller préalablement acte de soumission. Catholiques doivent en tout donner cet exemple. Aujourd'hui, je vous ordonne de conseiller fortement aux chefs Robert, Kélé et Silvéri d'aller se constituer prisonniers à gendarmerie de Touho, avant jeudi 10 heures du matin, délai de rigueur. Si l'un des chefs était réellement malade, qu'il se fasse remplacer.

En faisant cet acte de soumission, ils remplissent un devoir d'obéissance. S'ils refusaient d'écouter votre conseil, ils seraient saisis par force armée et traités en rebelles.

Avons promis à Gouverneur cet appui moral pour l'apaisement et dans l'intérêt des indigènes eux-mêmes.

S'il était nécessaire, nous demanderions plus tard indulgence.

H. A. Fraysse, év. ab.

Père Chalandon à Évêque,

Chef Silverio et Kalé partis aujourd'hui Touho. Impossible vieux chef Robert faire ce voyage, a envoyé son fils Lino pour remplacer, mais résigné à aller lui-même si embarcation vient le chercher — Épidémie dysenterie continue ravages, aucune mesure prise pour arrêter.

Le R. P. Douceré communiqua cet heureux résultat à M. le Gouverneur par la lettre suivante :

Nouméa, 28 décembre 1899.

Monsieur le Gouverneur,

J'ai l'honneur et la satisfaction de vous transmettre ci-inclus copie du télégramme du R. P. Chalandon à l'Évêque, en date du 27 décembre, annonçant que les chefs se sont rendus au conseil que le Révérend Père leur a donné, à la suite du télégramme dont vous aviez demandé l'expédition. Il ne fallait pas, comme je vous le disais dans l'audience du 16 novembre, que l'autorité fût mise en échec, ce résultat est désormais obtenu.

En vous remerciant personnellement, monsieur le Gouverneur, de la courtoisie avec laquelle vous avez bien voulu me traiter chaque fois que j'ai eu à m'entretenir avec vous de ces tristes affaires, permettez-moi de vous rappeler ce que vous m'avez dit le 16 novembre sans m'autoriser toutefois à en faire part aux intéressés. Vous me déclariez que vous étiez tout disposé à l'indulgence.

Me permettrez-vous aussi, Monsieur le Gouverneur, d'attirer votre bienveillante attention sur l'épidémie de dysenterie qui décime ces tribus et expliquerait partiellement leur attitude lorsqu'on a procédé à la perception de l'impôt.

Veuillez agréer. .....

V. D. Provicaire.

C'est un vrai Livre bleu que vous publiez dans l'Écho, nous disait cette semaine un de nos abonnés!

Oui, c'est tout à fait cela. Le procédé n'est pas nouveau. N'est-il pas employé pour éclairer l'opinion des membres des corps législatifs ou diplomatiques toutes les fois qu'une question importante et délicate est agitée?

Ce n'est pas par des déclamations de presse; c'est par les actes et les documents qui en témoignent que s'établissent les responsabilités.

Nouméa, le 29 décembre 1899.

Monsieur le Provicaire,

J'ai l'honneur de vous accuser réception de votre lettre en date du 28 décembre courant.

Le Conseil privé qui aura à statuer sur le cas des trois chefs rebelles leur tiendra certainement compte de leur soumission volontaire, quoique bien tardive.

Je vous remercie du renseignement que vous me donnez relativement à l'épidémie de dysenterie qui sévit actuellement dans la région de Wagap. Je le communique immédiatement au Directeur de la Santé, avec prière de prendre d'urgence les mesures sanitaires nécessaires.

Agréez, Monsieur le Provicaire, l'assurance de ma considération la plus distinguée.

Le Gouverneur,

FEILLET.

NOUVEAUX INCIDENTS.

VIOLENT ASSAUT CONTRE LA MISSION.

L'affaire de Wagap semblait terminée lorsque Monseigneur, le 5 janvier 1900, à 5 heures du soir, reçut de M. le Gouverneur inopinément la lettre ci-dessous.

Nous appelons l'attention de nos lecteurs sur ce document, unique en son genre, croyons-nous, dans les annales de l'administration coloniale.

A-t-on jamais vu un maréchal des logis télégraphier avec pareille outrecuidance à un Gouverneur, et a-t-on jamais vu un Gouverneur prendre *impromptu* sur les données plus qu'invraisemblables d'un pareil télégramme les violentes mesures et étranges résolutions que contient le télégramme-réponse?

Nouméa, le 5 janvier 1900.

M. Feillet, Gouverneur de la Nouvelle-Calédonie et dépendances.

A Mgr Fraysse, Chef du clergé.

Monseigneur,

Avant de faire exécuter la décision du Conseil privé, en ce qui concerne la punition infligée au chef Robert, j'ai voulu le faire visiter par un médecin qui devait se rendre compte s'il était réellement malade, auquel cas j'étais décidé à surseoir à toute punition.

J'ai donc donné ordre au médecin de Hienghène de se rendre avec deux gendarmes auprès de Robert. Or voici, à ce sujet, la copie du télégramme que je reçois du maréchal des logis de gendarmerie, commandant la brigade de Touho :

A Gouverneur — Nouméa.

« Docteur arrivé ce matin Tiwaka 9 h. 1/2 s'est transporté avec deux gendarmes case Robert qu'il a trouvée vide. Docteur a envoyé un mot père Chalandon pour savoir où était Robert. Père lui a répondu qu'il découvrirait peut-être la retraite de Robert avec un homme, mais que Robert ne veut pas voir gendarmes. Docteur s'est rendu Saint-Léonard, gendarmes sont rentrés Tiwaka. Chef François convoqué ne s'est pas rendu; n'ai pas de nouvelles de Paul Ounine et de Baptiste. D'après Chiquet, Robert est vieux, mais il ne le croit pas malade. *A mon avis, Chalandon recèle les trois indigènes punis et commande seul la contrée. Notre situation est* ridicule et notre dignité compromise. Demande des ordres précis, *l'appui de la troupe* et l'autorisation, de prendre indigènes dans tribus dévouées pour mettre ordres du Gouverneur à exécution en tous lieux. Demande l'arrestation de François et *l'expulsion du Père Chalandon de la région.*

« **Estafette attend réponse au fil.** »

Je ne puis laisser ainsi le R. P. Chalandon abuser de son caractère sacré pour porter de nouveau et gravement le trouble dans les tribus qui sont sous son influence : je ne puis le laisser davantage faire outrager par ses Canaques l'autorité représentée par la gendarmerie et je vous déclare nettement que si ces agissements ne cessent au plus vite, je prendrai les mesures énergiques nécessaires et que je rendrai responsable la Mission et son chef de tous les désordres qui pourraient survenir.

Je constate à regret que la Mission, après avoir semblé vouloir user de son influence dans le sens de l'apaisement, continue de plus belle à en user pour troubler l'ordre et faire échec à l'autorité.

En conséquence, j'ai l'honneur de vous faire connaître que je donne, en réponse au télégramme ci-dessus, les instructions suivantes au commandant de la brigade de gendarmerie de Touho :

Gouverneur à commandant brigade de gendarmerie Touho ; très urgent.

« Je vous prie au reçu du présent télégramme de *vous présenter officiellement chez R. P. Chalandon,* l'avertir *que j'ai fait connaître officiellement à l'évêque que je rendrais une fois de plus et définitivement la Mission responsable* de tout le désordre pouvant survenir dans la région et qu'en conséquence si dans 24 heures les nommés Paul Ounine et Baptiste ne s'étaient pas rendus entre vos mains et si n'aviez pas pu avec docteur visiter Robert dont maladie paraît de plus en plus douteuse devant sa facilité à disparaître, les mesures les plus énergiques seraient prises pour que force reste au représentant de la loi. *La responsabilité de ce qui pourra advenir appartiendra tout entière à la Mission.* En outre, prenez dès à présent, sauf à ne vous en servir que les 24 heures écoulées, disposition pour que aidés des brigades voisines que je vous charge requérir en mon nom et guidés par 4 ou 5 indigènes choisis par vous dans tribus païennes et fidèles, puissiez sans chercher à aller trop vite et sans crainte y mettre trop de temps, arriver à prendre Baptiste et Paul Ounine et trouver Robert. Vous devez user de toute la fermeté nécessaire, mais ne faire usage de vos armes qu'en cas seulement de légitime défense. »

Il vous appartient de votre côté de prendre, vis-à-vis du père Chalandon, telles mesures que vous jugerez utiles.

Agréez, Monseigneur, l'assurance de ma considération la plus distinguée.

P. FEILLET.

Le 6 janvier, arrivait à l'Évêché le télégramme suivant :

P. Chalandon à Évêque.

Indigènes Robert, Livino, Kéla, Silveri, Leopold, Baptiste, Paul Ounine condamnés à passer un an Maré. Ai engagé vainement Robert à se rendre, répète toujours moi vieux et malade ne veux pas mourir comme une bête sur bateau. S'est caché dans la brousse. Paul et Baptiste après m'avoir promis d'aller se rendre ont fui par peur on ne sait où. Paroles de gendarmes et vue des munitions de guerre ont fait croire à fusillade. Ont tous gagné montagne décidés à se défendre s'ils sont attaqués. Vieux ont engagé hommes punis à se rendre mais n'ont pas été écoutés. Gendarmes ont demandé successeurs Robert, Kélé et Silveri. Tous refusent d'accepter disant : Avons peur parce que on punit chefs innocents quand sujets font mal. Ai été informé que M. le Gouverneur rendait Mission responsable de ce qui pourrait arriver.

Ce télégramme nous apprend, à la suite de quels faits et en quelles circonstances, M. le maréchal des logis a libellé le télégramme fulminant relaté dans la lettre de M. le Gouverneur du 5 janvier.

Ces circonstances n'offrent rien d'extraordinaire. MM. les gendarmes avaient, par ordre de M. le Gouverneur, quelques jours auparavant, notifié solennellement aux tribus de la région les peines d'exil infligées aux trois chefs qui, sur le conseil des Missionnaires, s'étaient d'eux-mêmes rendus en prison et à cinq autres indigènes parmi lesquels les trois signataires des télégrammes adressés au chef de la justice.

La population s'attendait à voir traiter les chefs avec clémence, en raison de leur soumission spontanée. Elle était loin de penser que les fils de chefs signataires des télégrammes, en s'adressant au chef de la justice, pour faire délivrer leur père de la prison — où un administrateur de passage les avait violemment jetés, pour affaire d'impôt — eussent commis un crime. La notification de ces peines plus que sévères, jointe à l'exhibition des munitions de guerre dont les gendarmes étaient porteurs, terrorisèrent les indigènes, au point qu'un grand nombre d'entre eux, par peur, s'enfuirent dans les montagnes, et, lorsque l'autorité voulut désigner des chefs intérimaires, pour remplacer les chefs condamnés à l'exil, aucun d'eux ne voulut consentir à accepter cette charge.

Tel était l'état des esprits parmi les indigènes, état de frayeur et d'inquiétude causé par la solennelle et très inopportune intimation des peines qui leur avait été faite par ordre.

Lorsque, deux jours après, les gendarmes, avec un médecin chargé de constater si le vieux chef Robert était réellement malade, vinrent chercher les indigènes condamnés à l'exil, autres que les chefs déjà en prison, deux d'entre eux, Baptiste de Wagap et Paul Ounine d'Ina (tribu à 23 kil. de Wagap) n'étaient pas là. Au lieu d'attendre les gendarmes, ils s'étaient enfuis par peur on ne sait où. Robert lui-même s'était caché à l'arrivée de la brigade pour ne pas se trouver sur son chemin.

Qu'y a-t-il d'extraordinaire en tout cela? Est-ce la première fois que des gendarmes voient des inculpés fuir devant eux et se soustraire à leur recherche? Et, en ce cas, voit-on d'ordinaire MM. les gendarmes se plaindre que leur dignité est compromise? Peut-on dire qu'une fuite de ce genre constitue une rébellion? Et pourquoi, de là, accuser le R. P. Chalandon de commander dans la région? de recéler les inculpés? Le Père a-t-il charge de prêter main forte à la police? Et pourquoi, sur une accusation aussi étrange qu'injustifiée, requérir son arrestation et son expulsion?

Vraiment c'est à se demander si l'expéditeur du fulminant télégramme, télégramme qui *a suffi à décider M. Feillet* à prendre *impromptu* les mesures extraordinaires dont nous avons parlé, n'était pas sous le coup d'un accès de fièvre?

M. le Docteur, lui, avait vu la situation à un point de vue plus calme que MM. les gendarmes. Ne pas trouver les indigènes tendant les bras pour se faire emmenotter ne lui avait paru que très naturel; il avait même compris que le R. P. Chalandon lui écrive : « Robert ne peut être caché bien loin, je pense qu'avec un homme de la tribu on le trouvera facilement, il sera heureux de voir le médecin, mais il ne veut pas voir les gendarmes dont on lui a annoncé la visite. »

Et d'ailleurs, pourquoi deux gendarmes avaient-ils été accolés au médecin? Était-ce pour contrôler son verdict ou pour profiter de l'occasion afin de mettre la main sur le vieux chef? Celui-ci n'avait-il pas alors quelque raison de se défier?

Bref, pendant que MM. les gendarmes rentrent à Touho et font à leur chef leur rapport *ab irato*, M. le Docteur se transporte tranquillement à Saint-Léonard, voit Robert qui se rend à son appel, le déclare malade, fait son rapport et regagne son poste.

*
* *

D'autre part, en M. le Gouverneur quelle étrangeté de principes!

Il se hâte de déclarer qu'il va prendre les mesures

énergiques nécessaires et RENDRE RESPONSABLE LA MISSION ET SON CHEF de tous les désordres qui pourraient survenir.

Les responsabilités s'établissent par des faits et non par des déclarations du genre de celles qu'il plaît à M. le Gouverneur de faire.

Comment, dans le cas, la Mission pouvait-elle être responsable des complications et des effets fâcheux que les mesures, si précipitamment et si imprudemment ordonnées, pouvaient produire?

MM. les enquêteurs, dont le jugement est regardé comme souverain par M. le Gouverneur, ont déclaré, dans leur rapport, qu'ils n'ont pas cru prudent de confronter deux gendarmes de Touho avec la tribu — crainte absolument exagérée à notre avis — et voilà que M. le Gouverneur ne craint pas de commander une sorte d'expédition, avec l'aide des brigades voisines, qu'il ordonne au maréchal des logis de Touho DE REQUÉRIR EN SON NOM!

Nous, nous savons que la tribu catholique de Wagap se serait plutôt laissé lier que de se mettre en rébellion et en lutte meurtrière avec les représentants de l'autorité; mais, à côté de la tribu catholique et en union d'attitude, il y avait la tribu païenne de Poimbéi, chef Kéla en prison à Touho, qui compte 300 personnes. C'est dans cette tribu qu'un grand nombre de catholiques apeurés s'étaient enfuis.

Que fallait-il pour que MM. les gendarmes se crussent autorisés à se servir de leurs armes? Une pierre de fronde jetée de leur côté? Mais il est dans les habitudes des indigènes de jeter des pierres de fronde comme simple signe d'agitation, de colère même, avant toute déclaration de guerre. Et une fois la première balle tirée, où se serait arrêté le choc? C'est à faire frémir! Aussi est-ce notre avis et ce sera l'avis de tous ceux qui connaissent les indigènes, toujours un peu inconsidérés dans leurs allures, les ordres donnés au brigadier de Touho étaient intempestifs et imprudents.

En tout cas, comment la Mission pouvait-elle être rendue responsable des suites d'ordres donnés par M. le Gouverneur, au sujet desquels elle n'a et ne peut avoir aucune action?

Monseigneur, profondément affecté, répondit à M. le Gouverneur, avec autant de calme que de fermeté, par la lettre suivante :

Nouméa, le 5 janvier 1900.

A Monsieur Paul Feillet,
Gouverneur de la Nouvelle-Calédonie et dépendances.

Monsieur le Gouverneur,

J'ai l'honneur de vous accuser réception de votre lettre en date de ce jour, relative aux nouveaux incidents survenus dans les tribus de Wagap. Cette communication m'a péniblement surpris, car je supposais que tout était fini par la soumission volontaire des chefs. Sur le conseil pressant du R. P. Chalandon, Silveri et Kéla — un païen — se sont constitués prisonniers à Touho. Robert, vieux et infirme, s'est fait remplacer par son fils, comme vous l'aviez autorisé, déclarant d'ailleurs qu'il se rendrait lui-même à Touho si on l'exigeait, et si on le faisait transporter en baleinière.

Tout ce que vous aviez demandé à mon Provicaire, le 26 décembre, était donc obtenu, grâce au concours dévoué du R. P. Chalandon. Comment se fait-il que de nouveaux incidents aient si malheureusement surgi?

Vu l'importance que vous paraissez attacher à ces incidents, et les conclusions que vous croyez pouvoir en tirer contre le R. P. Chalandon et la Mission tout entière, j'ai réuni les membres de mon Conseil, présents à Nouméa. Je leur ai donné lecture de votre lettre. Après réflexion, à l'unanimité, ils ont fait les observations suivantes :

1° La Mission et son Chef ne peuvent être mis en cause : cela ne pourrait être que dans le cas où, en réalité, une direction aurait été donnée dans le sens que pense le Chef de la Colonie. Or les membres du Conseil savent et sont prêts à affirmer qu'il n'en est rien, et que, par tous les télégrammes que Monseigneur a été amené à envoyer, au sujet de cette affaire qui a surgi à son insu, Sa Grandeur a recommandé la soumission.

2° Les accusations si formelles et si odieuses portées contre le R. P. Chalandon reposent, en définitive, uniquement sur l'avis — c'est-à-dire l'opinion personnelle — du maréchal des logis de Touho, qui, d'après la teneur de son télégramme, ne se trouvait pas même sur les lieux.

Il leur a semblé, Monsieur le Gouverneur, que l'animosité qui perce dans ce télégramme, la violence et l'invraisemblance des accusations, la hardiesse des conclusions, l'impatience avec laquelle la réponse est attendue, accusent, pour le moins, une certaine irréflexion. Quel est le tribunal qui accepterait de juger une affaire et de condamner un homme sur un télégramme de ce genre?

Monsieur le Gouverneur, le R. P. Chalandon est un homme intelligent, et, sans qu'il soit besoin de parler de son dévouement et de son patriotisme bien connus dans la région, cette simple remarque suffit pour réduire à néant les accusations formulées contre lui.

Pour le réconforter dans les circonstances si pénibles qui lui sont faites, je crois devoir lui adresser le télégramme suivant :

Évêque à Père Chalandon. Ti-Ouaka,

(par exprés).

Je vous félicite des heureux résultats obtenus, au sujet des chefs qui se sont rendus à Touho. Apprends aujourd'hui avec peine nouveaux incidents et nouvelles accusations formulées contre vous. Saurez rester calme et respectueux. Fidèle aux principes chrétiens, continuez dans la mesure de vos moyens à recommander la paix et la soumission à l'autorité.

Vous me dites, Monsieur le Gouverneur, et vous faites savoir au maréchal des logis de Touho que vous rendez une fois de plus et définitivement la Mission et son Chef responsables de tous les désordres qui pourraient survenir dans la région de Wagap. Je me fais un devoir de déclarer hautement, Monsieur le Gouverneur, que toujours prêts à seconder de grand cœur l'autorité civile, à laquelle nous avons toujours été respectueusement soumis, nous ne pouvons cependant, en aucune façon, accepter une telle responsabilité.

L'ascendant dont les Missionnaires jouissent auprès de leurs néophytes est un ascendant moral qui ne s'exerce que par la voie des conseils et de la persuasion, mais, l'expérience nous l'apprend tous les jours, dès que les indigènes sont éprouvés ou séduits par une vive passion, nos conseils ne sont plus entendus et le Missionnaire est par là réduit à l'impuissance.

J'ai l'honneur d'être,
Monsieur le Gouverneur,
avec un profond respect,
votre obéissant serviteur,

Signé : H. Alphonse, é. a.

M. le Gouverneur répondit à cette lettre :

Monseigneur,

J'ai l'honneur de vous accuser réception de votre lettre en date du 5 janvier courant.

Je ne puis que maintenir les déclarations que je vous ai adressées hier et auxquelles répond votre lettre précitée.

L'influence de la Mission sur ces tribus n'est pas contestable et je persiste à croire que, dans la circonstance, il était possible d'en user plus efficacement en faveur de l'ordre et de la soumission.

En ce qui concerne votre étonnement des faits nouveaux, c'est-à-dire de l'état de rébellion dans lequel se trouvent aussi Baptiste et Paul Ounine, je dois vous déclarer que je l'ignorais moi-même, au moment de l'entrevue que j'ai eue avec le R. P. Douceré et qu'il ne m'a été révélé que dans la séance du Conseil privé où a été examiné et lu entièrement le rapport et les procès-verbaux de la Commission d'enquête.

J'ai reçu ce matin un télégramme du maréchal des logis de gendarmerie de Touho, qui m'apprend que Robert a été visité par le médecin que j'avais envoyé à cet effet, et qu'il est réellement malade. J'ai répondu immédiatement que, puisqu'il était reconnu que Robert était réellement malade, il ne serait pas envoyé en exil à Maré, et j'ai chargé le brigadier de donner une publicité officielle à cette décision.

Restent donc aujourd'hui Baptiste et Paul Ounine en rébellion ouverte. Ces deux indigènes, aussi coupables que Silveri, Kela et Robert, doivent se rendre également. Je ne considérerai l'affaire comme terminée que lorsqu'ils auront fait tous deux leur soumission.

Agréez, Monseigneur, l'assurance de ma considération la plus distinguée.

P. FEILLET.

Un mot sur la teneur de cette réponse :

M. le Gouverneur reconnaît que Mgr le Vicaire apostolique a répondu aux déclarations qu'il lui avait adressées. Il semblera même à nombre de nos lecteurs que la réponse de Sa Grandeur était de nature à en détruire la valeur. On a la preuve qu'elle a fait impression sur son esprit, car, de toutes ses violentes déclarations, il semble ne retenir que celle-ci d'un ton considérablement plus modéré : « L'influence de la Mission sur ces tribus n'est pas contestable et je persiste à croire que, dans la circonstance, **il était possible d'en user plus efficacement en faveur de l'ordre et de la soumission.** »

M. Feillet reconnaît en outre qu'il n'avait jamais demandé à la Mission d'user de son influence pour amener Baptiste et Paul à se livrer spontanément aux gendarmes, et, certes, les Missionnaires devront-ils se faire agents de police — toutes les fois que des catholiques seront recherchés — sous peine d'être accusés *de ne pas user efficacement de leur influence?* Pourquoi donc le maréchal des logis s'en prend-il au R. P. Chalandon, si ces deux jeunes gens ne se sont pas trouvés à Wagap pour se constituer prisonniers? Pourquoi M. le Gouverneur vient-il dire à Mgr le Vicaire apostolique qu'il ne considérera l'affaire terminée que lorsque ces deux hommes — qu'il déclare, bien contrairement aux termes du Droit, en rébellion ouverte, lorsqu'ils sont par peur en simple fuite — auront fait leur soumission?

C'est une idée persistante dans l'esprit de M. le Gouverneur : il faut que la Mission soit responsable et, quand cette responsabilité ne peut être établie par les faits, il veut l'établir par ses administratives déclarations. Mais de pareilles déclarations aux yeux des esprits sérieux n'établissent qu'une chose, l'existence d'un tenace parti pris.

*
* *

Pendant que le R. P. Chalandon était si injustement et si violemment attaqué et par le Maréchal des logis et par M. le Gouverneur, ce Missionnaire, dont l'attitude en toutes ces affaires a été noble, patriotique et vraiment apostolique, s'employait avec une activité que beaucoup de colons ont, non sans raison, trouvée excessive, à amener les deux fugitifs à se rendre, selon le désir des vieux de la tribu, à l'appel des gendarmes, témoin le télégramme qui suit :

Père Chalandon à Évêque — Nouméa.

Père Vincent et moi avons fait rechercher hier les deux fugitifs. Aucun résultat. Aujourd'hui avons découvert une trace que nous avons signalée à gendarmerie.

Indigènes désirent vivement tranquillité. N'approuvent pas la fuite de Paul et Baptiste. Chef François envoyé par moi chez gendarmes pour y porter lettre a été, malgré nombreux services rendus à ces derniers, arrêté jusqu'à capture des fugitifs. Mesure produit mauvais effet. Une dizaine gendarmes parcourent région, indigènes fuient devant eux se rappelant menace du Maréchal disant que soldats viendraient, brûleraient cases et dévasteraient plantations. Avons recommandé le calme même si pareilles mesures étaient prises. Comptons absolument sur leurs bonnes dispositions. Suis calme et résigné. Deux colons sont auprès de moi (comme témoins).

Père Chalandon à Evéque — Nouméa.

Gendarmerie a terminé perquisition dans villages, fugitifs n'ont pas été trouvés. Deux otages pris à Wagap pour les remplacer dont l'un père de cinq enfants.

Des otages pris dans la tribu de Wagap, — dans les circonstances que nos lecteurs connaissent, lesquelles, quoi qu'en dise *l'Officiel,* ne constituent aucunement le caractère de rébellion, — parce que deux indigènes, dont l'un de la tribu d'Ina, se sont dérobés par la fuite (du reste sans complicité de la tribu) à la recherche des gendarmes, est-ce bien conforme au droit?

CONCLUSIONS ADMINISTRATIVES DE L'ENQUÊTE

Elles sont publiées dans *l'Officiel* à la suite du dossier dans les termes qui suivent :

Dans sa séance du 29 décembre dernier, le Conseil privé a examiné le dossier relatif aux opérations de la Commission d'enquête, nommée par arrêté du 18 novembre 1899, et a été d'avis qu'il y avait lieu d'appliquer les sanctions suivantes :

1° En ce qui concerne M. l'Administrateur de Sainte-Marie, le Conseil s'est borné à constater que ce fonctionnaire a eu tort de se laisser aller à un mouvement de vivacité, déplacé dans sa situation, mais auquel les circonstances dans lesquelles il s'est produit enlèvent toute sa gravité ;

2° Pour ce qui a trait aux indigènes, le Conseil estime qu'il convient d'infliger un internement de deux ans aux nommés : Léopold, Fidéli, Silveri et Lino ; et un an à Kéla, Paul Ounine, Baptiste et Robert. La peine sera réduite de moitié dans le cas où ces tribus acquitteraient l'impôt avant le 31 janvier 1900 ;

3° Le Conseil pense, en outre, qu'il est nécessaire de publier tout le dossier de l'enquête ;

4° Il est d'avis, également, que des démarches soient faites auprès du Vicaire apostolique, pour obtenir le déplacement des RR. PP. Berne et Chalandon, ces Missionnaires s'étant immiscés et ayant porté le trouble dans les affaires canaques, comme cela résulte de l'enquête.

Le Gouverneur ratifie chacun des avis du Conseil privé et prend des décisions en conséqnence.

A cette séance, avaient été convoqués MM. les membres de la Commission. M. Leconte, sur l'invitation de M. le Gouverneur, fit la lecture du rapport. Il fut donné une connaissance rapide et sommaire du dossier ; nous disons *rapide* et *sommaire,* car ce dernier occupe 114 colonnes à *l'Officiel* et ce n'est pas dans la séance du Conseil privé, dont une grande partie fut consacrée à la discussion inhérente à l'émission des votes, que ces 114 colonnes auraient pu être lues.

C'est après une pareille communication que MM. les membres du Conseil eurent, SUR LA PROPOSITION DE M. LE GOUVERNEUR, à donner leur avis, sans que les intéressés aient eu le moyen de présenter leurs explications et leur défense.

L'Officiel nous dit que cet avis fut favorable, il ne dit pas à quelle majorité. Bien que les séances du conseil soient en principe secrètes, s'il faut en croire la rumeur publique — et l'officieuse *Calédonie* n'y contredit pas — en ce qui regarde la mise en cause de la Mission, les voix se partagèrent, des appréciations en sens divers furent échangées et la majorité fut faible. Le parti pris de mettre la Mission en cause, par des inductions sans preuves et sans faits suffisants, perçait.

Nous aimons à penser que, s'il eût été donné à MM. les membres du Conseil — ce qui n'eût été que justice — d'entendre préalablement la défense de la Mission que nous présentons en ce moment, leur adhésion eût été plus faible encore.

Bref, la publication de l'enquête à *l'Officiel* fut votée. On sait dans le public à qui revient la responsabilité de ce vote, entièrement contraire à la pratique du droit administratif. Les enquêtes, non judiciaires, faites au sujet de personnes, étant de leur nature diffamatoires, ne se publient jamais. Encore moins devait-on publier celle-ci qui, abandonnant le fonctionnaire dont elle avait à apprécier les actes, a informé contre des témoins, au sujet desquels elle n'avait aucune délégation ni mandat, et qui, n'étant pas fonctionnaires, ne pouvaient être l'objet d'une enquête administrative. Elle les a transformés, sans qu'ils en aient été prévenus, de témoins en accusés. M. le Ministre des Colonies aura à apprécier cet acte et ses conséquences.

En dernier lieu, à la majorité, MM. les membres du Conseil, *vu qu'il résulte, de ce qu'on leur a dit de l'enquête,* que les PP. Berne et Chalandon se seraient immiscés et auraient porté le trouble dans les affaires canaques, ont approuvé, toujours sur la proposition de M. le Gouverneur, qu'il soit fait des démarches pour obtenir leur déplacement.

A ce sujet, M. le Gouverneur écrit à Mgr le Vicaire apostolique la lettre suivante :

Nouméa, le 17 janvier 1900

M. P. Feillet, Gouverneur de la Nouvelle-Calédonie et dépendances, à Monseigneur H. A. Fraysse, évêque d'Abila, Vicaire apostolique de la Nouvelle Calédonie et des Nouvelles-Hébrides.

Monseigneur,

J'ai l'honneur de vous adresser, sous ce pli, le procès-verbal de l'enquête de Wagap que publie le *Journal officiel* du 6 janvier 1900, ainsi que la délibération du Conseil privé en date du 29 décembre dernier.

J'appelle particulièrement votre attention sur le paragraphe de cette délibération ainsi conçu : « Le conseil est d'avis également que des « démarches soient faites auprès du Vicaire apostolique pour obtenir « le déplacement des RR. PP. Berne et Chalandon : ces Mission-« naires s'étant immiscés et ayant porté le trouble dans les affaires ca-« naques, comme cela résulte de l'enquête. »

Je ne doute pas qu'après lecture de l'enquête, vous ne décidiez de prendre les mesures que je réclame de votre autorité, vis-à-vis des RR. PP. Berne et Chalandon qui se sont gravement compromis et qui ont aussi compromis la Mission dans les événements de Tiéti, Wagap et Touho.

Veuillez agréer, Monseigneur, l'assurance de ma haute considération.   P. Feillet.

A cette lettre, Monseigneur le Vicaire apostolique répondit :

La Conception, le 26 janvier 1900.

Monsieur le Gouverneur,

J'ai l'honneur de vous accuser réception de la lettre du 17 janvier par laquelle vous m'adressez le procès-verbal de l'enquête de Wagap que publie le *Journal officiel* du 6 janvier 1900, ainsi que la délibération du Conseil privé, en date du 29 décembre dernier.

Dans cette lettre, vous appelez, dites-vous, mon attention sur le paragraphe de la délibération ainsi conçu : « Le conseil est d'avis également que des démarches soient faites auprès du Vicaire apostolique pour obtenir le déplacement des RR. PP. Berne et Chalandon, ces Missionnaires s'étant immiscés et ayant porté le trouble dans les affaires canaques, comme cela ressort de l'enquête. » Vous ajoutez ensuite vous-même « que ces Missionnaires se sont gravement compromis et ont aussi compromis la Mission ».

J'ai lu et relu soigneusement, Monsieur le Gouverneur, le dossier de l'enquête, particulièrement le Rapport que, vu sa teneur, il serait plus juste d'appeler un dur réquisitoire. Je comprends que MM. les membres du Conseil privé, qui ne connaissaient l'attitude des Missionnaires que par la communication rapide de ce dossier, faite en séance du Conseil le 29 décembre, aient dû penser que les RR. PP. Berne et Chalandon s'étaient irrégulièrement immiscés dans les affaires canaques. Si vous-même, Monsieur le Gouverneur, vous considériez les accusations portées dans ce document contre les Missionnaires comme acquises à la vérité, je comprends que vous me disiez, non qu'ils ont compromis la Mission qui est restée, comme administration, étrangère à l'incident relatif à la résistance passive dont les indigènes de Wagap se sont rendus coupables, mais qu'ils se sont compromis dans une certaine mesure. Mais, Monsieur le Gouverneur, l'attitude de ces Missionnaires n'a pas été celle que leur impute le Rapport, j'en ai acquis la certitude absolue par les dépositions très nettes, très formelles et très bien motivées que m'a faites le R. P. Berne — appelé par moi à Nouméa pour me fournir toutes les explications et données relatives aux circonstances de temps, de personnes et de lieux — et aussi, je dirais presque surtout, par l'étude approfondie du dossier de l'enquête.

Pour établir l'étrange accusation que la Mission est la cause occulte de l'agitation canaque, bien qu'elle n'en soit pas la cause apparente, il faudrait des faits, des preuves incontestables; on les cherche en vain. Les principaux faits que l'auteur du Rapport prend pour base de ses déductions accusatrices ne sont que des imputations sans fondement. Leur fausseté est démontrée avec évidence. L'auteur s'est même mis, en un point sur lequel il s'appuie pour le besoin de sa cause, en contradiction avec les télégrammes officiels.

Les plus graves conclusions du Rapport, par lesquelles la Mission est mise en cause, par lesquelles l'auteur se croit autorisé à requérir contre la Mission et son chef des *mesures effectives*, ne reposent que sur des déductions illogiques, des insinuations malveillantes, des interprétations empreintes d'une exagération calculée. Ce rapport est un échafaudage qui, faute de pièces solides, ne tient pas debout.

M. le Rapporteur s'est permis d'affirmer que la Mission a manqué entièrement de franchise. Permettez-moi de me plaindre de cette grossière injure que la Mission, dont j'ai l'honneur d'être le chef, ne mérite point. Elle ne donnera du crédit ni au rapport ni au Rapporteur.

En outre, Monsieur le Gouverneur, les Pères et la Mission, par les conclusions du rapport et par les délibérations du Conseil privé que vous me notifiez, sont jugés et condamnés, sans avoir été mis à même de se défendre. Bien qu'ils aient été appelés à déposer devant MM. les Enquêteurs, sur certains faits, ils n'en restent pas moins en droit de s'expliquer et de se défendre en ce qui regarde les accusations que le Rapporteur prétend tirer des dépositions; il est d'ailleurs des imputations, et les plus graves, que les Pères n'ont connues que par la publication de l'enquête.

Quant à la Mission, elle s'est vu refuser le moyen de se défendre. Le jour où le R. P. Douceré s'est présenté à votre cabinet pour recevoir des communications relatives à l'enquête, vous lui avez, à plusieurs reprises, déclaré qu'il n'avait qu'à entendre vos communications, que la discussion de l'affaire aurait lieu en Conseil privé, et lorsque le R. P. Provicaire a exprimé, par l'intermédiaire de votre secrétaire, le désir d'être appelé à la séance, où, lui disiez-vous, serait décidé le sort de la Mission, vous avez répondu par un refus.

Le droit de se défendre, avant d'être condamné, est le droit de tout citoyen français, je ne puis admettre, Monsieur le Gouverneur, qu'il nous soit refusé; ma qualité de chef de la Mission me fait un devoir de protester contre ce déni, respectueusement, mais par tous les moyens administratifs.

Ma conviction absolue et celle de tous les membres du Conseil épiscopal, dont j'ai pris l'avis, après étude approfondie du dossier, est qu'en cette affaire les RR. PP. Berne et Chalandon, non moins que la Mission, sont indûment pris à partie et qu'en d'autres temps ils auraient reçu des témoignages de satisfaction.

Je regrette de ne pouvoir, par esprit de soumission, en sauvegardant les principes, obtempérer à votre demande, comme je fis en avril 1899, pour le R. P. Le Fur, coupable à vos yeux *d'avoir agi inconsidérément et sans respect pour les usages indigènes*, mais dans le cas présent, après la publicité donnée à l'enquête, les changer ce serait les reconnaître coupables des imputations que contient le Rapport, ce serait porter atteinte à leur honneur et à celui de la Mission dont j'ai la garde : ni mon devoir, ni ma conscience ne me le permettent.

En outre, il se rencontre que les remplacer serait désastreux pour les œuvres qu'ils dirigent, l'un les constructions de la mission de Tyé, l'autre l'œuvre spéciale de Saint-Léonard qu'il a fondée.

Il est une combinaison, Monsieur le Gouverneur, qui me paraît offrir, au point de vue administratif, les avantages que vous avez en vue, sans en offrir les inconvénients et, par déférence, je la mettrai à exécution par le prochain courrier de côte. J'enverrai à Wagap un Missionnaire qui prendra charge de toutes les relations et responsabitités administratives de la station, le R. P. Lambert qui, m'assure-t-on, jouit de votre estime.

En terminant cette lettre déjà trop longue, permettez-moi, Monsieur le Gouverneur, de vous demander une copie de la lettre que j'eus l'honneur de vous adresser, dans les premiers jours de janvier 1896, au sujet de la reprise des terres d'Ina.

Je la demandai à M. le Fol, qui me répondit le 27 août 1896 qu'il ne l'avait pas trouvée dans les Archives, et que vous aviez dû la conserver dans vos cartons.

J'en ai besoin pour répondre aux attaques dont je suis l'objet en ce moment, c'est ma principale pièce de défense. Je l'attends de votre loyauté.

J'ai l'honneur d'être,

Monsieur le Gouverneur,

avec un profond respect,

votre obéissant serviteur.

Signé : H. ALPHONSE, é. ab.

Réponse de M. le Gouverneur.

Nouméa, le 26 janvier 1900.

Monseigneur,

J'ai l'honneur de vous accuser réception de votre lettre du 24 de ce mois. En ce qui concerne les mesures que je vous ai demandé de prendre vis-à-vis des PP. Berne et Chalandon, il ne m'appartient pas d'insister. Je ne puis que constater votre refus.

Mais il m'est impossible de vous laisser dire qu'une Commission composée de trois hauts fonctionnaires dont deux, tout au moins, sont parfaitement indépendants de mon autorité, a manqué d'impartialité dans une enquête où toutes les personnes qui doivent être entendues l'ont été, et qui a été à ce point large qu'elle a recueilli quatre-vingt-huit dépositions.

Aussi, je suis sûr, Monseigneur, que les termes dont vous vous êtes servi ont dépassé votre pensée et que vous regrettez à l'heure actuelle votre incorrection.

D'autre part, je regrette de ne pouvoir vous donner satisfaction. Je n'ai pas conservé la lettre que vous m'avez adressée à Ciu, dans les premiers jours de janvier 1896, au sujet de la réserve indigène d'Ina. Je me souviens d'ailleurs très bien des termes de cette lettre et je me rappelle aussi qu'inquiété des dispositions que vous m'indiquiez être celles des indigènes de la région, je me transportai immédiatement, quoique très souffrant, à Ponérihouen et à Ina.

Je tins le plus grand compte des observations que vous m'aviez faites, notamment en laissant, en dehors du terrain à reprendre, l'église et la mission d'Ina. Je revisai, en un mot, ainsi que cela a été constaté lors de l'enquête de M. l'inspecteur Arnaud, le projet de cantonnement opéré par M. Moriceau dans un sens favorable aux intérêts des indigènes des tribus en question.

Agréez, Monseigneur, l'assurance de ma considération la plus distinguée.

P. FEILLET.

*
* *

Nous avons dit dans notre avant-propos : « l'enquête n'est qu'une pièce à effet dans la mise en action ; c'est d'une véritable campagne engagée par M. Feillet contre la Mission qu'il s'agit. »

Nous croyons l'avoir démontré par l'historique des faits et par les documents que nous avons produits.

Ajoutons que les agissements qui ont accompagné et suivi l'enquête en sont une nouvelle et palpable preuve.

Il serait superflu de faire observer, en premier lieu, que la publication qui en a été faite au *Journal officiel* — fût-elle régulière en droit strict, ce que, nous l'avons dit, nous ne pensons pas — étant au moins absolument contraire aux usages administratifs, est un indice indéniable de l'intention qu'a eue M. Feillet de compromettre par là la Mission et devant l'opinion et devant l'administration centrale des colonies.

Le journal officieux *la Calédonie*, qui s'est emparé de cette publication, en a rempli ses colonnes et l'a accompagnée de commentaires aussi sonores et enfiellés que diffamatoires (art. des **18, 22, 23, 25, 26 et 27 janv.**) — qui ont fait l'effet de roulements de tambours commandés après la manœuvre, — a annoncé à ses lecteurs avec une joie non déguisée, que la Mission ne se relèvera pas du coup qui lui est porté.

Comment, en effet, user du droit de défense qu'accorde la loi sur la presse, à l'égard du *Journal officiel?* Cela ne s'est jamais vu, on ne répond pas aux actes officiels.

Très bien ! Mais qui osera dire que le dossier de l'enquête est un *acte officiel?* Et si le journal, sortant de son *affectation officielle*, fait des publications de la nature de celles pour lesquelles la loi de la presse autorise le droit à la réplique, en faveur de la personne offensée, pourquoi ce journal échapperait-il à la loi qui est absolue dans ses termes et atteint tous les journaux, sans distinction?

Nous savons que dans cet ordre d'idées, Mgr le Vicaire apostolique a sollicité de M. Feillet le droit de faire insérer à *l'Officiel* la réponse de la Mission par la lettre suivante :

Nouméa, 8 février 1900.

A Monsieur Paul Feillet, Gouverneur de la Nouvelle
Calédonie et dépendances.

Monsieur le Gouverneur,

Désireux d'user, pour défendre devant le public les intérêts de la
Mission, comme ma charge m'en fait un devoir, du droit prévu par
l'article 13 de la loi du 29 juillet 1881 sur la presse, j'ai l'honneur de
vous prier de vouloir bien donner des ordres pour que le *Journal officiel* qui, dans son numéro du 6 janvier 1900, a publié le dossier de la
Commission d'enquête sur les affaires de Wagap — dossier qui, de sa
nature, ne peut être considéré comme un acte officiel — insère, aux
conditions voulues par la loi, la réponse de la Mission dans le numéro
de la semaine prochaine.

J'ai l'honneur...

H. ALPHONSE, é. a., *chef du clergé.*

Ce n'est pas tout. Le dossier de l'enquête a été sans bruit
mis en brochure et expédié en France par le paquebot
qui a emmené M. le Gouverneur. On en a envoyé des centaines d'exemplaires, en divers paquets, dont un des plus
gros à l'adresse du Grand-Orient — adresse imputable
sans doute au « fervent catholique ».

Sur cette brochure de 183 pages, on lit, au-dessous du
titre central : *publication ordonnée par la Commission
coloniale, le 22 janvier.*

La Commission coloniale peut bien, en certains cas,
voter provisoirement des fonds pour un travail qui s'impose, mais *ordonner* d'urgence la publication d'une enquête personnelle n'est pas dans ses attributions. Si la
publication a été ordonnée, elle n'a pu être *ordonnée* que
par M. le Gouverneur qui, du reste, a seul qualité pour
approuver les délibérations de la Commission.

Il y aurait lieu de rechercher, au point de vue de la loi
sur la presse, à qui incombe la responsabilité de cette

nouvelle publicité, ajoutée à celle du *Journal officiel*, mais nous voulons nous contenter aujourd'hui de tirer de ce fait, aussi extraordinaire qu'indéniable, la preuve palpable de l'acharnement avec lequel la Mission est attaquée.

En même temps, le Conseil général instrumentait de son côté, mais dans quelles conditions inavouables! C'est au domicile particulier de l'un de ses membres qu'eut lieu la réunion officieuse de quelques conseillers, réunion si *officieuse* que MM. les membres du Conseil, réputés favorables aux idées religieuses, MM. Vincent et Laroque (comme ils l'ont publiquement déclaré) n'en ont eu connaissance que huit jours après, par une révélation inattendue de la presse.

Dans le *factum*, que, sous forme de délibération, ils ont adressé au Ministre (nous en empruntons le texte à la publication faite par *la France Australe*), il est dit :

« L'attitude de la Mission nous a paru si coupable que notre première pensée a été de provoquer une session extraordinaire du Conseil général, pour que nous puissions vous exprimer officiellement notre opinion à ce sujet. Mais, en présence de l'épidémie qui sévit dans la colonie et qui a déjà mis le deuil dans plusieurs familles, nous avons considéré qu'il était préférable de ne pas ajouter à l'épreuve actuelle une nouvelle agitation politique et c'est pour cette raison que nous nous sommes réunis officieusement. »

Voilà, certes, une délicatesse de sentiment fort louable et amenée bien à propos pour excuser le *catimini* de la réunion, délicatesse qui n'a cependant jamais arrêté M. Feillet dans la conduite de l'affaire, ni *la Calédonie* dans sa haineuse polémique.

Le dit *factum*, dû tout entier à la plume de.... (mais c'est trop tôt encore pour inscrire le nom propre, des tiers pourraient en souffrir) déclare qu'il faut prendre les choses de haut et après des considérants diffamatoires, au nombre desquels celui-ci : « Il a été démontré que la responsabilité de ces massacres (de Pouébo) devait être attribuée pour une large part aux agissements des Missionnaires de l'endroit, les RR. PP. Guitta et Villard. C'est la même histoire, moins les massacres, qui se renouvelle aujourd'hui (à Wagap) » — faut-il de la ténacité et de la hardiesse pour revenir ici, comme dans le rapport de l'enquête, sur une chose jugée deux fois! — après ces considérants, disons-nous, le factum conclut :

« Étant donnée cette situation, nous venons vous demander, Monsieur le Ministre, de vouloir bien y mettre un terme et nous venons en même temps vous en offrir le moyen.

Ce moyen c'est de supprimer la Mission mariste en Nouvelle-Calédonie et de la remplacer pour l'exercice du culte par des membres du clergé séculier.... et nous nous engageons d'ores et déjà à inscrire au prochain Budget du Service local les crédits nécessaires à cette transformation. »

De combien de signatures cette pièce a-t-elle été couverte? Il nous est impossible de le dire. La manœuvre est si peu avouable qu'elle est tenue secrète et l'honorable vice-président du Conseil, M. Puech, a cru devoir refuser d'en avouer l'existence même aux deux Conseillers qui à dessein ont été tenus à l'écart.

Tout le monde sait néanmoins, à Nouméa, qu'en sus des deux membres non convoqués, deux autres ont refusé de signer; il en est même, nous dit-on, qui s'excusent d'avoir été entraînés à le faire par les circonstances, et, pour avoir un nombre convenable de signatures, on a dû demander aux conseillers de l'intérieur leur adhésion par télégramme.

Voilà, si jamais il en fut, une manœuvre illégale, incorrecte, inqualifiable, nous nous servons de ce dernier mot pour ne pas en employer un plus dur.

Si cette manœuvre n'eût pas été dévoilée, quel parti M. Feillet eût tiré de ce document contre la Mission...... Nous pensons qu'il se gardera maintenant de le produire, de peur d'avoir à assumer la responsabilité des conditions dans lesquelles il a été préparé..... et pourtant, nous avons cru utile d'en faire connaître en France — en y joignant des renseignements inédits — l'origine et la teneur.

Enfin M. Feillet, dans la réunion de son Comité républicain, tenue à l'Eden-Concert, le 26 janvier — réunion où l'on a souscrit et fait des vœux pour le triomphe du parti, aux prochaines élections de mai — comme au banquet du 27 janvier, à l'Anse Vata, a hautement déclaré son dessein arrêté de travailler à expulser la Mission, qui représente ici les idées arriérées, rétrogrades, anti colonisatrices.

*
* *

Il résulte de ce que nous venons de dire que M. Feillet, dans sa campagne contre la Mission, a été ardemment soutenu et servi par son Conseil général, par les membres de son Comité soi-disant républicain, par les administrateurs de son journal *la Calédonie,* et par quelques fonctionnaires de diverses administrations.

Ces hommes-là représentent-ils l'opinion publique?

Non assurément. Ce sont les représentants *d'un parti.* Ce parti est composé de deux contingents, le premier et le principal est formé d'hommes hostiles à la religion, sectaires, libres-penseurs, francs-maçons, protestants, qui font profession en Calédonie comme en France, à Nouméa comme à Paris, de combattre le *cléricalisme;* le second contingent comprend les hommes de toute carrière qui ont cru trouver leur intérêt à faire cause commune avec le parti triomphant du jour. Nous entendions dire dernièrement par une personne bien au courant des affaires : « M. Feillet n'aurait pas été si loin s'il n'avait été poussé par son parti. » Nous ne nous refusons pas à l'admettre et nous croyons que les ennemis de la religion se sont empressés de profiter de l'appui administratif que leur offrait M. Feillet pour combattre la Mission et prendre, par des décisions, des dispositions et nominations administratives, qu'ils ont sollicitées, position contre elle.

Quoi qu'il en soit, les agissements de ce parti ont été tels que, quand on cherche à en expliquer la manifestation, on ne peut que rappeler le mot de Montaigne : « Il me plaît de voir combien il y a de lâcheté et de pusillanimité en l'ambition et par combien d'abjection et de servitude on parvient au but. »

Non, ce parti, qui a si complaisamment ou si méchamment instrumenté et déclamé dans la presse contre la Mission, ne représente pas l'opinion publique en Calédonie.

En fait, les Missionnaires sont, tant à Nouméa que dans l'intérieur, entourés d'estime et de sympathie par tous les fonctionnaires et colons, non enrôlés dans le sus-dit parti, et encore en est-il de ceux-là même qui sont loin de se montrer farouches, quand on les rencontre en dehors du champ clos du Comité.

Les colons savent que les Missionnaires ne sont pas les *ennemis de la colonisation*. Cette calomnie, répandue avec tant de persistance par M. Feillet dans tous ses discours, a été et est restée un simple cri de parti.

Notre intention est de revenir un jour sur cette indigne calomnie ; bornons-nous aujourd'hui à prouver, à l'encontre des affirmations de M. le Rapporteur de l'enquête, qu'elle n'a pas cours dans le centre de colonisation de la région où l'enquête a fonctionné.

M. le Rapporteur a bien osé dire : « *Ils* (les Missionnaires) *redoutent la présence de colons nouveaux. Quelques-uns de ceux-ci, deux ou trois seulement, sont acceptés par eux et vivent en relations intimes avec eux.* » Et ailleurs après avoir dit que les témoignages contre la Mission ont été presque unanimes il ajoute : « *Quelques témoignages cependant se sont produits en faveur des RR. PP. Maristes. Ils sont en très petit nombre bien que nous ayons entendu presque tout le monde, et proviennent de clients et d'amis personnels de la Mission.* »

La preuve, quoi qu'en dise M. le Rapporteur, que les colons nouveaux ne regardent pas les Missionnaires comme leurs ennemis, se trouve dans l'adresse qu'ils ont signée, pour protester au sujet des accusations portées contre les Missionnaires, à l'occasion de l'enquête.

« A Monsieur le Gouverneur de la Nouvelle-Calédonie.

« Nous, soussignés, colons de la région d'Ina, Poindimié, Amoa, Ti-Ouaka, Touho, ayant appris que les Missionnaires de l'endroit seraient accusés, d'une part, d'avoir empêché le recouvrement de l'impôt de capitation et d'être, d'autre part, opposés à la colonisation, déclarons n'avoir jamais pris au sérieux les bruits que l'on a fait courir sur le premier chef, et, quant au second, déclarons, au contraire, n'avoir eu qu'à nous louer de la manière de faire des Missionnaires, et certifions qu'ils n'ont jamais refusé de nous rendre service, lorsque nous nous sommes adressés à eux.

« J. MILOT, J. SADOUX, PAUL JEANNIN, L. LESAINE, A. BOUYER, EMILE DENEUVILLE, P. SOURY-LAVERGNE, PIERRE JEANNIN, E. DENEUVILE, H. DENEUVILE, CLAUDEL, GUITEL, H. GUITEL, E. PELLETIER, A. MORTIER, ANDRÉ PASCAL, G. PROUST, B. PROUST, G. SOURY-LAVERGNE, A. SOURY-LAVERGNE, F. GILLOT-L'ETANG, FL. GILLOT-L'ETANG, A. JACCHARINO, EM. DINET, THÉO. DINET.

« Mᵐᵉˢ JEANNIN, DENEUVILLE, GOUJON, Vᵛᵉˢ BOURDEAUX, GUITEL. »

Ces 30 signatures, régulièrement légalisées, représentent 11 foyers sur 25 que contient la région où la Mission est établie.

Parmi ces signatures se trouvent celles de 5 mères de famille. Ces nobles dames ont voulu par là répondre aux dépositions faites par Mᵐᵉ Poincheval et par Mᵐᵉ Chiquet, métisse, devant l'enquête.

Cette déclaration a été remise à M. le Gouverneur le 27 décembre, et une copie en a été adressée, par le même courrier, à M. le Président de la Commission d'enquête.

En une circonstance solennelle, en la fête de l'inauguration de l'église de Tyé, le 14 septembre 1899, deux mois avant l'enquête tous les colons de la région furent invités nommément à assister à la cérémonie et à prendre part au déjeuner festival donné au presbytère. Quarante répondirent à cette invitation malgré la pluie et tous applaudirent le toast chaleureux que l'un d'eux porta à Monseigneur. En voici les derniers mots :

« Cette église est la vôtre et nous vous la devons. Nous savions par ouï-dire avec quelle profonde sollicitude vous vous occupez des intérêts de votre diocèse et le centre d'Amoa est à peine créé que nous en ressentons les effets. Merci, Monseigneur, au nom des colons d'Amoa et comme il est d'usage aujourd'hui, après un banquet ou de simples agapes de porter un toast, je lève mon verre à la continuation de la prospérité de la Mission d'Amoa. »

Est-ce là ce que M. le Rapporteur appelle vivre en hostilité?

Nous demandons à nos lecteurs la permission de dire en aparté que plusieurs des colons qui ont déposé contre la Mission, entre autres M. Goujon et M. Trolé, assistèrent gracieusement à cette réunion, preuve que les Missionnaires ne restreignent pas leurs relations à *deux* ou *trois* amis.

* *

Les lecteurs qui nous ont suivi dans l'historique des faits que nous venons de faire, doivent avoir une triste idée des catholiques de la région de Wagap.

MM. les enquêteurs n'ont vu en eux que des *rebelles*, dignes d'être ridiculisés, ils les ont mis (voir rapport p. 5, 1ᵉ col.) au-dessous des païens — le gendarme de Touho demande au Gouverneur de prendre dans les *tribus païennes* des hommes dévoués pour aller les combattre — ils les ont traités avec défiance et dureté au point que durant les quinze jours de leur enquête, il n'ont eu pour eux ni un signe de compassion, ni un regard d'attention pour les victimes du fléau de la dysenterie qui a décimé la population.

Eh bien! ces hommes sont les premiers guerriers de la Calédonie. Ils ont combattu, ils n'étaient alors qu'une poignée de catholiques AVEC LE VIEUX CHEF ROBERT A LEUR

Tête, en **1862**, avec les treize braves soldats du détachement de Canala contre les tribus païennes de la vallée en insurrection.

L'ordre du jour du commandant Durand (V. *Officiel* 20 février 1862) en fait foi : « Le commandant se fait aussi un devoir de rendre un éclatant hommage à la conduite du R. P. Barriol et des habitants (indigènes) qui ont si valeureusement contribué à la défense de la Mission. Il leur dira comme aux 13 braves du détachement de Canala : Vous avez bien mérité de la patrie et de la religion. »

En 1878, ils ont par leur dévouement et leur bravoure arrêté l'insurrection qui allait gagner tout le Nord de la Calédonie. M. Olry envoyait tous ses officiers de terre et de mer visiter et consulter le P. Roussel qui, avec ses catholiques dévoués arrêtait l'insurrection (Voir instructions officielles) et, lorsque le lieutenant-colonel Wendling demande au R. P. Roussel pour mettre fin à l'insurrection d'aller proposer des conditions de paix aux terribles Ounouas, ce sont les fidèles catholiques de Wagap qui font cortège au R. Père :

Koné, 30 décembre 1878.

..... J'ai d'abord à vous adresser mes remerciements personnels pour l'aide efficace que vous avez bien voulu me donner en toute occasion, ce qui m'engage à avoir recours à vous. J'espère que la mission pénible de la répression touche à sa fin. — Dans le Sud, bon nombre de tribus se sont décidées à la soumission et ont accepté l'internement.

Là toujours, nous avons trouvé les Missionnaires, et c'est grace a eux qui nous ont ouvert leurs établissements, que nous avons pu concilier l'humanité et les mesures de sécurité. Je suis autorisé à traiter avec les Ounouas, mais il m'est difficile d'entrer en relation avec eux, c'est a vous que j'ai recours pour leur faire connaître cette situation nouvelle et les engager à venir me trouver, soit dans la vallée de Népoui soit dans celle de Poya.

Ah ! si M. Olry, l'homme aux nobles sentiments, vivait encore, il prendrait en mains la cause de ses fidèles catholiques de Wagap et de leurs dévoués Missionnaires !

Que les temps sont changés et les hommes surtout !

II.

LES DÉPOSITIONS DE L'ENQUÊTE.

Nous avons rétabli, comme nous l'avions annoncé, les faits survenus dans la région de Wagap, durant la triste période qui vient de s'écouler; nous avons appuyé cet HISTORIQUE de dates et de documents qui ont dû, nous n'en doutons pas, éclairer l'opinion. Et le public non prévenu, qui examine et juge sans parti pris, sait, dès maintenant, où se trouvent les responsabilités. Il sait ce qu'il faut penser de cette prétendue cause occulte de l'agitation des tribus de la Côte Est, que M. le Rapporteur a voulu regarder comme la seule vraie, et, partant, de la cause apparente, c'est-à-dire visible, qui a été négligée à dessein, quoiqu'il ressorte de l'histoire qu'elle est la seule cause réelle et indéniable de la résistance passive opposée par les indigènes de Wagap aux ordres de M. de Sainte-Marie.

Nous pourrions donc nous arrêter là. Notre défense serait complète. Cependant, pour rester fidèle au plan que nous nous sommes tracé au début de cette *Réponse,* et aussi, pour démontrer l'odieux des accusations toutes gratuites formulées contre les Missionnaires dans les dépositions, nous allons discuter ces dépositions. Et nous verrons que les faits pris par la *Calédonie* pour des preuves irrécusables d'abus auxquels se seraient laissés entraîner les Missionnaires ne sont, en réalité, que des allégations ou des insinuations sans fondement.

1° LES DÉPOSANTS

Avant d'entreprendre la réfutation de ces accusations portées contre la Mission dans l'enquête, il nous semble utile de décomposer et de classer les dépositions elles-mêmes, d'abord par catégories de déposants, puis d'après

la manière dont les déposants ont formulé leurs déclarations. Ce classement jettera déjà une grande lumière sur
l'ensemble du volumineux dossier.

Le rapport de la Commission d'enquête, après avoir déclaré que cette Commission a commencé ses opérations le
23 novembre 1899 à Tiéti, et les a closes le 5 décembre à
Oubatche, continue : « L'enquête à laquelle elle (la Commission) s'est livrée, forme un dossier contenant 88 dépositions.

Elle a cru ne devoir négliger aucun témoignage, et a
recueilli sur place, dans toute la région qu'elle a parcourue — (*et certes elle ne s'est pas ménagée; elle a tout
sondé, de Tiéti à Oubatche, en exceptant toutefois Hienghène, où cependant — si nos renseignements sont exacts
— l'impôt de capitation n'était pas encore rentré. Il est
étonnant qu'on n'ait pas accusé la Mission de ce retard.
Les indigènes de ce centre, il est vrai, sont en très grande
majorité païens, et il n'eût pas été politique de constater
que, même dans les tribus non catholiques, le perception de
l'impôt éprouvait des difficultés*) — les déclarations qui lui
ont été faites *spontanément,* comme celles des personnes
qu'elle a dû faire appeler, Missionnaires, fonctionnaires,
gendarmes, colons et indigènes ont été entendus, et dans
toutes ces opérations elle a, avec une impartialité absolue,
été conduite par le seul désir de faire la lumière la plus complète sur les causes auxquelles doit être attribuée l'agitation
constatée dans les populations indigènes de la côte Est. »

Le dossier est donc composé de 88 dépositions faites par
82 déposants, 6 ayant été entendus deux fois par la Commission.

Ces 82 déposants se répartissent ainsi : 36 Européens ou
métis — dont 29 entendus dans la région de Tiéti-Wagap, 4
à Touho et 3 à Pouébo-Oubatche — et 46 indigènes, dont
26 se sont présentés chez MM. Poincheval et Chiquet, 20 à
Touho et 4 à Oubatche.

Prenons d'abord les déposants européens.

Nous ne nous occuperons pas des deux dépositions de

MM. Burtchail et Paimbouc faites à Touho, elles n'ont aucun rapport avec l'objet de l'enquête, comme le prouve le titre officiel donné au dossier : *Commission d'enquête nommée à l'occasion des troubles de* WAGAP, INA ET TIÉTI. Encore moins chercherons-nous aujourd'hui à réfuter les accusations formulées dans les deux dépositions d'Oubatche. Nous nous contenterons de démontrer plus loin dans quel but la Commission a poussé si avant ses investigations.

Il reste donc à tenir compte de **30** déposants.

Sur ces **30** déposants, il y a **8** fonctionnaires, dont nous récusons les dépositions, en ce qui regarde les accusations contre la Mission. Étant données en effet les circonstances dans lesquelles l'enquête a été faite, étant donnée la présence de M. de Sainte-Marie, l'Administrateur incriminé, ces fonctionnaires manquaient de la liberté nécessaire pour apprécier la conduite des Missionnaires.

Des **22** autres déposants, nous devons défalquer 2 Pères, 4 colons dont les déclarations ont été favorables à la Mission, **1** libéré, **2** femmes, **2** autres colons dont les dépositions ne touchent nullement aux questions agitées.

Nous n'avons donc plus à compter qu'avec **11** déposants. Or sur ces onze déposants deux, MM. Claudel et Sadoux, ont signé plus tard l'adresse à M. le Gouverneur, dans laquelle ils déclaraient n'avoir jamais pris au sérieux les bruits que l'on a fait courir, touchant le fait que les Missionnaires seraient accusés d'une part d'avoir empêché le recouvrement de l'impôt de capitation, et d'être, d'autre part, opposés à la colonisation, affirmant au contraire qu'ils n'ont eu qu'à se louer de la manière de faire des Missionnaires ; — trois autres, MM. Darmagnac, Walters et Testard, n'ont pas de catholiques dans leur voisinage, et, partant, n'ont aucun rapport avec la Mission ; quelle valeur ont alors leurs dépositions, en ce qui regarde les Missionnaires ?

Des **6** derniers déposants, nous récusons M. Gerbet, qui, durant les jours de l'enquête, était employé chez M. Poincheval, et ne pouvait que subir l'influence de M. de Sainte-Marie, dont nous avons montré plus haut l'activité à rabattre des témoins; — nous récusons également le témoignage de M. Trolé, voisin de M. Poincheval, et dont le rapport adressé à la Commission, plaidoyer outré en faveur de l'Administrateur, accuse trop manifestement son inspirateur, nous sommes même tenté de dire, sans cependant pouvoir le prouver matériellement, son auteur.

Il nous reste donc les quatre témoignages de MM. Daguet, Boisson, Letocart et Goujon.

Nous dirons ce qu'il faut penser des affirmations relatées dans leurs dépositions.

Si nous prenons maintenant les 46 DÉPOSANTS INDIGÈNES, nous trouvons que, sur les 26 qui se sont présentés à Wagap, Ina, Tiéti, 19 ont été favorables aux Missionnaires, un autre a fait une déposition indifférente, 6 seulement, tous païens, à l'exception de Silveri, dont nous expliquerons la parole relative au sermon de Tié, ont déposé contre les Missionnaires. Et encore l'un d'eux, Manuel, de la tribu de Paama, dont la déposition est toute à la charge du R. P. Chalandon, est inconnu de sa tribu. Cet indigène aurait-il été stylé par quelqu'un pour cette violente déposition? M. Testard nous dit bien (dossier, p. 14) qu'il l'a amené avec lui, mais nous ne voudrions pas en conclure qu'il l'ait formé. Ce qui est certain, c'est que cet indigène, honteux du rôle qu'il jouait, n'a pas voulu donner son vrai nom, a pris un nom de guerre, afin de n'être pas reconnu par les siens.

A Touho, 20 indigènes ont déposé; 12 d'entre eux ont déclaré uniquement qu'ils faisaient du coprah pour payer la capitation, 5 ont été favorables aux Missionnaires, et 3 païens seulement ont, dans des dépositions incohérentes, quelquefois contradictoires, accusé la Mission.

Voilà, chiffres en mains, ce qu'il reste de ces dépositions dont le Rapport a eu soin de donner, pour faire impression, le total, total que M. le Gouverneur se plaira plus tard à rappeler, dans une lettre à Mgr le Vicaire apostolique pour prouver combien large a été l'enquête.

Le dossier, semble-t-il, eût pu encore être plus complet, et comprendre par exemple, en annexe à la déposition de M. de Sainte-Marie, le Rapport fait le **22** novembre par cet Administrateur, rapport auquel il se réfère, quand on lui demande des explications au sujet des plaintes formulées contre lui. (Dossier, p. 50.)

On aurait pu, de même, introduire dans le dossier la première déposition de Téin d'Amoa, à laquelle on fait allusion : (page **18**).

« *Vous avez déclaré hier...* etc... Maintenez-vous votre déclaration? » — Or on cherche en vain dans le dossier cette déposition.

Il ne peut cependant s'agir que d'une déposition. Nous ne pouvons croire que MM. les membres de la Commission aient pu connaître d'une autre manière le propos par lequel Téin accusait à faux les catholiques de sa tribu de ne pas vouloir payer l'impôt.

Quoi qu'il en soit, ce chiffre élevé de **88** dépositions démontre que MM. les enquêteurs ont déployé une activité remarquable dans la recherche des *faits connexes*, principalement des faits qui pouvaient compromettre la Mission, qu'ils ont usé *largement* des pouvoirs d'investigation que leur avait conférés M. Feillet, par l'arrêté du **18** novembre. Mais il ne démontre que cela. Le calcul auquel nous nous sommes livré prouve, lui, que cette activité n'a pas été récompensée. Pour aboutir à **4** dépositions d'Européens, dont les affirmations sont plus que contestables, et à **8** dépositions d'indigènes, dont nous démontrerons bientôt la non-valeur, au moins pour quelques-unes d'entre elles, et des plus graves en apparence, il n'était pas besoin, croyons-nous, de déployer une si grande activité.

2° NATURE DES DÉPOSITIONS

Nous serions en droit, après avoir récusé, et pour cause, le témoignage d'un certain nombre de déposants, de négliger leurs dires, comme étant intéressés, et n'ayant par conséquent aucune valeur sérieuse, en ce qui regarde les accusations contre les Missionnaires. Cependant, afin de venger complètement l'honneur de la Mission, violemment prise à partie en toute cette enquête, nous tiendrons compte de toutes les dépositions et nous répondrons à toutes les accusations.

Les dépositions peuvent être divisées, d'après leur teneur, en deux sections : la première comprenant les dépositions dans lesquelles les témoins se sont contentés d'affirmer, sans apporter de faits; la seconde englobant les dépositions dans lesquelles les affirmations sont étayées de prétendues preuves.

Dans le premier groupe, qui est de beaucoup le plus nombreux, nous trouvons des affirmations de ce genre :

D. — A qui attribuez-vous cette mauvaise volonté (de la part des Canaques dans le paiement de l'impôt de capitation)?

R. — *Tout le monde sait* que ce sont les Pères Maristes qui leur disent de ne pas payer. (*Déposition de M. Darmagnac,* dossier, p. 9.)

M. Gerbet père : — « La main-d'œuvre païenne est plus facile à obtenir (*quoi d'étonnant? Dans toute la tribu de Poindimié, près de laquelle est installé M. Gerbet, il n'y a que 3 catholiques...*) et moins coûteuse. Elle nous fournit du travail fait plus consciencieusement. *J'attribue* cette différence à l'intervention des Pères auprès des catholiques. »

M. Claudel : — « *Selon moi,* ce sont bien les Pères qui empêchent les Canaques de payer. » (*Nous devons à la vérité de dire que M. Claudel s'est rétracté plus tard, en signant la déclaration envoyée à M. le Gouverneur, en faveur des Missionnaires.)*

M. Sadoux : — « *On dit,* sans que je puisse l'affirmer, que les Pères sont à la tête du mouvement de résistance à l'impôt. »

On demande à M. le maréchal des logis Laborderie : — « Quelles raisons donnez-vous de l'attitude un peu extraordinaire de ces tribus?

R. — Ils ont *évidemment* reçu des ordres de quelqu'un; et ce quelqu'un est *évidemment* la Mission.

M. Durand. — « *D'après moi,* l'influence de la Mission sur les Canaques qui nous entourent et en particulier sur leur chef François (de Tiéti) ne s'exerce pas simplement au point de vue religieux. »

M. Trolé. — « Ils (les Canaques) *ont dû* être conseillés par les Pères de ne pas payer. »

M. Goujon. — « En ce qui concerne la résistance opposée à la perception de cet impôt, elle n'existe que chez les tribus catholiques... *J'attribue* cela à ceux qui les élèvent et en font ce qu'ils veulent. »

Toutes ces dépositions qui constituent la majeure partie de celles à la charge des Missionnaires ne sont donc que des allégations, des insinuations, l'expression d'opinions personnelles, qui ne reposent sur aucun fait, aucune preuve.

Et M. le rapporteur viendra ensuite condamner les Missionnaires de la région et la Mission en général sur ce genre de dépositions, dont, dit-il, *la lecture est suggestive.*

***

Quelques déposants, il est vrai, ont tenu à apporter de prétendues preuves pour essayer de démontrer la vérité de leurs affirmations. C'est la deuxième catégorie de dépositions. Nous allons l'examiner.

M. le brigadier Bernard dépose que les Missionnaires

exploitent les Canaques. « J'ai appris, dit-il, par le colon Millot, ancien gendarme, que les Canaques de la vallée d'Ina, où il habite, s'étaient rendus auprès des Pères pour leur demander l'argent nécessaire à l'acquittement de leurs dettes de capitation, afin que leur chef Livino sorte de prison. Les Pères leur ont répondu : « Donnant donnant, amenez-moi des porcs, je vous les achèterai. »

« Deux gros porcs furent présentés, acceptés et payés 45 francs les deux; ils en valaient certainement le double. Il est donc manifeste que les Pères ont profité du besoin pressant d'argent des Canaques, pour les exploiter; il s'agit de Canaques catholiques bien entendu. »

M. Bernard appuie donc uniquement l'odieuse accusation qu'il prononce contre les Pères sur ce fait que l'un d'eux, à qui on demandait de l'argent à emprunter, a répondu : « Amenez-moi des porcs, je vous les achèterai » et qu'en réalité il en a acheté deux pour la somme de 45 francs. Nous ne savons pas — M. Bernard, pour être complet, aurait dû nous le dire — combien pesaient ces porcs, mais ce qui est notoire dans toute la vallée d'Amoa, c'est que les Missionnaires, quand ils ont besoin d'acheter des porcs, les paient aux indigènes 0 fr. 50 le kilo, lorsque les colons ne leur donnent que 0 fr. 30 ou 0 fr. 40.

Est-ce là exploiter le Canaque?

Le maréchal des logis Laborderie avait expliqué, devant la Commission, l'attitude des tribus de Wagap en déclarant qu'elles avaient dû recevoir des ordres de quelqu'un, c'est-à-dire de la Mission. On lui pose alors la question suivante :

D. — Connaissez-vous des faits à l'appui de cette manière de voir?

R. — Je vous citerai l'entretien que j'ai eu avec le chef Amade, de la tribu de Poyes, lequel est venu me dire que le Père Vincent avait fait dire *par l'indigène Emmanuel* aux chefs de Kongouma, de Ouanache, et à lui-même, de ne pas payer l'impôt.

Pour expliquer toute la situation de la région, le maréchal ne trouve donc de preuve que dans une conversation où Amade, chef des Poyes, lui aurait affirmé que le **P. Vincent** avait fait dire à ces tribus de ne pas payer l'impôt. Vraiment ce n'est pas fort. Si en effet on se reporte aux dépositions reçues à Touho, on constate qu'Emmanuel n'est d'abord jamais allé chez les Poyes (Dossier, p. 55); qu'ensuite, ni directement, ni indirectement, il n'a agi sur les autres chefs, au nom du Père Vincent; qu'enfin Amade lui-même a avoué qu'il n'avait jamais dit avoir reçu le conseil d'Emmanuel en ce qui regarde le paiement de l'impôt de capitation. « Ce n'est pas ma parole, a-t-il répondu, *c'est la parole des Blancs,* » voulant dire par là que ce n'était pas lui, Amade, qui avait rapporté ce bruit, mais quelque Européen de la contrée. (Dossier, p. 54.)

Le fait allégué par le maréchal des logis Laborderie est si peu prouvé que M. le rapporteur, ayant besoin, pour démontrer sa thèse, d'incriminer tous les Pères de la région, est contraint de *deviner* l'action du **P. Vincent** sur les tribus de Touho et de Kongouma : « Dans les tribus d'Hippolyte, de Daniel et de Marcelli, dit-il, aucune tentative sérieuse de désobéissance n'a été relevée, malgré de sourdes menées, *difficiles à constater, mais qui se devinent aisément.* »

M. Daguet, lui, s'attaque au soi-disant commerce des Missionnaires et le prouve ainsi :

D. — Quel mobile attribuez-vous à la conduite des Pères quand vous les soupçonnez de vouloir vous décourager?

R. — Évidemment pour écarter des concurrents capables de nuire à leurs opérations commerciales. *Par exemple,* une personne digne de foi, dont je tiens à taire le nom, m'a affirmé que le Père Chalandon lui avait dit, il y a quelques mois : « J'ai quand même tiré **200** cochons de la vallée d'Amoa. »

Nous devrions négliger cette répugnante calomnie, donnée pour essayer de jeter le discrédit sur les Missionnaires. Elle retombe de tout son poids sur son auteur.

Mais le **Père** aurait-il, de fait, acheté **200** porcs dans la vallée d'Amoa, en plusieurs années, quoi d'extraordinaire? Il vient de faire construire une église, aux travaux de laquelle il a employé, en moyenne, dix ouvriers pendant quatre ans. Or, personne n'ignore que la viande de porc est la seule dont on use habituellement dans la brousse. Que prouverait donc ce fait, par rapport aux prétendues opérations commerciales des Missionnaires? C'est une rengaîne qui n'est plus de mise aujourd'hui et M. Daguet, et d'autres, dont nous parlerons, quand nous répondrons à cette accusation générale, feraient bien d'inventer de nouvelles charges, s'ils veulent les faire accepter de notre génération.

M. Darmagnac, comme on pouvait s'y attendre, est plus violent dans ses explications :

D. — Croyez-vous donc à une révolte possible?

R. — Je crois qu'elle est possible et probable, je suis vieux dans le pays, et je connais la valeur des indices.

D. — Qui donc fomente, selon vous, cette insurrection?

R. — La Mission. Ils jouent en ce moment-ci un grand coup, et veulent arrêter par tous les moyens l'immigration. Pour eux, l'immigration leur enlèvera la colonie, ou bien ils empêcheront le développement de la colonisation, *même au prix du sang versé.* — Le massacre des colons arrêterait net le mouvement actuel, et épouvanterait ceux qui voudraient venir s'établir.

D. — Il me semble cependant qu'une insurrection chez les catholiques seuls serait précisément la condamnation de la Mission.

R. — Je ne puis vous dire que ce que je sais, c'est que la révolte n'est pas à craindre des tribus païennes.

Cette preuve apportée pour démontrer la probabilité d'une insurrection est tellement invraisemblable et révoltante qu'elle n'a nullement besoin d'être démentie. Elle tombe d'elle-même. Nous nous contenterons de dire qu'elle ne pouvait sortir que de la bouche de M. Darmagnac.

Eh bien! Voilà les faits, et les seuls que les colons malveillants, les témoins rabattus par M. de Sainte-Marie, ont pu découvrir, à la charge des Missionnaires.

Qu'en reste-t-il? — Rien.

Quelques témoins à décharge ont été entendus. Ils ont affirmé, en appuyant leurs assertions de nombreux faits, que les Missionnaires n'étaient nullement coupables des accusations portées contre eux. Mais leurs dires n'ont pas été écoutés. On s'est contenté d'inscrire au Rapport que ces témoignages provenaient de clients et d'amis personnels de la Mission. Comme si ce titre infirmait *a priori* un témoignage.

MM. les enquêteurs devaient entendre tous les témoins, et, dans une *parfaite impartialité*, peser toutes les preuves. Et alors seulement la lumière aurait été complète.

Or nous savons aujourd'hui qu'ils ne l'ont pas fait.

En effet, parce qu'un témoin n'avait pas voulu signer la pétition contre les Missionnaires, pétition qui à ses yeux n'était qu'une dénonciation, ce n'était pas une raison de le renvoyer sans l'entendre. Cet honorable colon a tenu à protester dans la presse contre cette partialité, par la letre suivante adressée à la *France Australe :*

Amoa, 4 février 1900.

Monsieur le Directeur de *la France Australe*, Nouméa.

Ayant incidemment entre les mains le Rapport officiel des dépositions de l'enquête Tiéti-Tié-Wagap, je lis, folio 23, la note suivante qui me concerne : *M. Proust a déclaré à un des membres de la Commission qu'il n'avait rien à dire et s'est retiré.*

Cet entrefilet est inexact, permettez-moi de rétablir les faits

Ayant appris que la Commission désirait interroger tous les colons, je suis descendu à Tiéti, chez M. Poincheval, au domicile duquel, ce jour-là, les témoins étaient entendus.

M. Paul Jeannin déposait. Quand il eut terminé, comme la nuit s'approchait, je priai M. Poincheval de vouloir bien me faire passer. Ce dernier me répondit qu'il y avait un fils de chef à entendre avant moi.

J'attendais assis depuis un moment, quand un Monsieur, qui, m'a-t-on dit depuis, est le Chef du Service indigène, vint me demander ce que je désirais. — « Me mettre, lui répondis-je, à la disposition de la Commission pour être interrogé. — Que savez-vous? » me dit-il — « J'ignore, répliquais-je, ce que l'on va me demander, et je ne peux encore répondre. »

« Vous vous appelez? » — Je déclinai mes nom, prénoms, profession, domicile. — « Ah! me dit le Monsieur, vous êtes le colon qui n'a pas signé la pétition! — Pour comprendre cette exclamation il faut savoir que, quelques jours auparavant, on avait fait circuler dans Amoa une pétition (plutôt une dénonciation) dont les termes perfidement conçus désignaient les Missionnaires comme fauteurs des troubles de Wagap, pétition que j'avais refusé de signer.

« Effectivement, répondis-je, je ne suis pas un calomniateur et, sans preuves, j'ai refusé de signer. » — « Vous demeurez à Amoa, me dit ce Monsieur, que savez-vous sur les troubles de la Ti-Ouaka? Avez-vous vu ce qui s'est passé entre les indigènes et la gendarmerie? — Ayant répondu négativement. « Par conséquent vous ne savez rien, continua-t-il, et nous sommes ici pour enquérir sur ces faits ; au surplus on ne pourrait vous entendre aujourd'hui, car il est tard. »

Sur ce, je me retirai, comprenant que n'étant pas au courant des troubles de Wagap je ne pouvais rien déposer, ne sachant rien à ce sujet.

Aussi ai-je été assez surpris quand, parcourant le rapport officiel, j'ai lu les dépositions de nombreux témoins qui n'en savaient probablement pas plus que moi sur les troubles susdits, et qui, questionnés, pour se rattraper de leur ignorance, ont déposé au sujet de tous les griefs qu'ils croyaient avoir les uns contre les autres.

Peut-être l'honorable membre de la Commission qui s'est adressé à moi a-t-il craint que, continuant l'énumération des potins de la vallée, je ne fasse traîner mon audition et retarde l'heure du dîner, et a-t-il jugé bon de m'expédier (?)

Quoi qu'il en soit, puisque mon nom a été cité, il aurait été plus exact d'insérer au rapport officiel, que : *Interrogé par un membre de la Commission si j'avais été présent aux troubles de Wagap, sur ma réponse négative, mon audition a été jugée inutile.*

Car disant simplement *que je n'avais rien à dire*, on peut supposer, devant les multiples questions posées aux témoins, que j'avais une opinion que je réservais, alors que j'aurais déclaré, si j'avais été interrogé *comme les autres témoins, que depuis quinze mois que je suis à Amoa, je n'ai eu qu'à me louer des Missionnaires, n'ayant toujours trouvé auprès d'eux que de bons conseils, un appui moral réconfortant et que jamais ils ne m'ont découragé de la colonisation, au contraire.*

Je vous serais reconnaissant, monsieur le Directeur, de vouloir bien donner à cette lettre de rectification, l'hospitalité de vos colonnes.

Et vous prie de recevoir l'assurance de ma parfaite considération.

G. Proust,

Colon à Amoa.

Cette lettre ne nous apporte-t-elle pas une nouvelle preuve des dispositions d'esprit avec lesquelles la Commission d'enquête a opéré? Cette exclamation échappée à M. Fawtier : « *Ah! vous êtes le colon qui n'a pas signé la pétition!* » ne démontre-t-elle pas le parti pris de n'entendre favorablement que les témoins à charge, ceux qui préalablement avaient manifesté leur opinion?

Dans ces conditions, une nouvelle fois nous sommes en droit de récuser les conclusions de M. le rapporteur.

La révélation de M. Proust montre avec évidence qu'en ordonnant l'enquête, on avait un but à poursuivre, un plan à réaliser.

∴

Nous devrions ajouter aux deux précédentes catégories de dépositions une troisième section qui comprendrait les témoins indigènes. Cette partie en effet n'est pas la moins intéressante du dossier. On y voit avec quel empressement certains indigènes, souvent même avant qu'on leur pose la question, innocentent M. de Sainte-Marie de ses violences et de ses mauvais propos; et aussi, quand il s'agit de

déposants païens, avec quelle assurance ils accusent les
Missionnaires, et leurs néophytes. François de Tiéti lui-
même, ce chef qui a reçu deux coups de pied de M. l'Administrateur, ne pouvant cependant nier le fait, excuse
du moins autant qu'il le peut celui qui l'a frappé : « J'ai
été légèrement touché, dit-il, mais cela ne m'a pas fait de
mal, » et à deux reprises différentes il croit devoir dire
que M. de Sainte-Marie ne l'a pas insulté, mais lui a seulement parlé *d'un ton assez sec.*

François a expliqué plus tard la raison de son attitude
devant la Commission et a raconté qu'étant chez M. Poincheval, avant sa déposition, l'interprète vint le trouver et
lui dit : François, on va te parler du coup de pied que tu
as reçu de l'Administrateur, il faudra répondre que ce
n'est rien, il faudra *rigoler* »...

Tous les chefs punis de prison reconnaissent qu'ils ont
mérité leur punition !...

A François, chef de Tiéti :

D. — Reconnaissez-vous avoir mérité la punition de prison qui vous
a été infligée?
R. — Oui (!)

A Téin, chef d'Amoa, puni comme le précédent de huit
jours de prison, à propos de la capitation :

D. — Que pensez-vous de M. de Sainte-Marie et des punitions qu'il a
infligées?
R. — M. de Sainte-Marie a bien agi dans ce qu'il a fait (!)

En lisant ces dépositions, on constate encore que l'une
des grandes préoccupations *des indigènes* est de dégager
la capitation des agissements de M. de Sainte-Marie.

François, chef de Tiéti : « J'ai eu une conversation sous
la véranda de la Poste, à propos de la capitation (quoiqu'il ait déposé le contraire quelques lignes plus haut),
mais il ne s'est fâché qu'à propos du planton. »

Poindet, chef de Poindimié : « L'on m'a dit, mais je ne
l'ai pas vu, que M. de Sainte-Marie avait frappé du pied et

du poing le chef François, à propos, *non pas de la ca-pitation*, mais de la couverture d'un hangar... » — Et plus loin : « Si M. de Sainte-Marie a réellement.frappé François, comme on me l'a dit, *ce n'est pas à propos de la capitation*, et s'il l'a mis en prison, *il a agi pour le bien du service* (!!!) »

Enfin, il est à remarquer combien plusieurs de ces dé-positions sont, dans la forme qui nous est présentée au procès-verbal, incohérentes, du moins pour ceux qui ne connaissent l'affaire que par le dossier, M. de Sainte-Marie pourrait peut-être nous expliquer cette incohérence ; l'interprète Dinet le ferait certainement, nous le savons, avec compétence, pour les trois dépositions suivantes con-cernant la parole que l'on met sur les lèvres du R. P. Berne, dans le sermon de l'inauguration de l'église de Tié.

Téin dépose ainsi :

Avec l'assistance de M. E. Dinet, interprète.
Je m'appelle Téin, chef de la tribu de Kokingone, âgé de 60 ans.
D. — Vous avez payé votre impôt de capitation?
R. — Oui, entièrement. Ni moi, ni mes indigènes n'avons à nous plaindre de M. de Sainte-Marie (?)
J'ai assisté à l'inauguration de l'église de Tié.
Après le prêche en français de l'évêque, le P. Berne a pris la pa-role, en canaque, et a dit : Faites-vous tous catholiques, on ne vous prendra pas vos terres.

Ne dirait-on pas une leçon apprise par cœur?
Déposition de Ounine, chef de Ponandou :

D. — Avez-vous à vous plaindre de M. l'administrateur de Sainte-Marie.
R. — Non (?)
D. — *Avez-vous assisté* à l'inauguration de l'église de Tié?
R. — *Oui, j'ai entendu le Père Berne* prononcer ces mots : « Si vous n'écoutez pas les paroles catholiques, on vous prendra vos terres pour les donner aux blancs.
D. — Vous savez pourtant que, lors de la répartition qui a été faite autrefois, les terres ont été achetées indistinctement aux tribus païennes et catholiques?
R. — Oui. Aussi je n'ai pas cru le Père Berne.

· L'avait-il entendu ?...

La déposition de Silveri, chef de Tié, est encore plus incohérente, et ceux qui connaissent cet indigène sont étonnés de la présence d'esprit dont il a fait preuve en ne se laissant pas troubler par les coq-à-l'âne de la Commission.

D. — Dites-nous en français ce que vous avez entendu en français (*relativement aux propos de M. Lamadon*).

(Le témoin hésite, et dit cousi... Hienghène...)

Qu'est-ce que cela signifie ?

R. — Je n'ai pas très bien compris. Ce sont les interprètes qui nous l'ont traduit : « Souvenez-vous des coups de fusils de Hienghène. »

D. — *Qu'a dit le père Berne, dans un sermon, lors de l'inauguration de l'église de Tié?*

R. — *Il a dit en canaque : Faites-vous tous catholiques, on ne vous prendra pas vos terrains.*

D. — Les gendarmes sont-ils partis au galop.

R. — Non, au pas. J'ai vu un Canaque leur donner du feu pour allumer une cigarette.

Oui! singulières incohérences dans les questions! mais incohérences dont un œil attentif n'a pas de peine à découvrir la parfaite convergence!...

3° OBJET DES DÉPOSITIONS

Réponse aux accusations formulées dans l'enquête contre les missionnaires.

Les diverses accusations qui ont été formulées par quelques témoins de l'enquête contre les Missionnaires se réduisent à trois principales : le conseil qu'ils auraient donné de ne pas payer la capitation — leur opposition à la colonisation — et leur prétendu commerce.

Nous allons répondre à chacune de ces accusations. Mais, avant de commencer leur réfutation, il nous semble utile de reproduire, comme première réponse; le démenti formel donné aux dires des témoins par les deux Missionnaires mêlés à l'affaire, les RR. PP. Chalandon et

Berne, démenti que le premier a formulé dans sa déposition et le second dans une lettre rectificative adressée au journal *la Calédonie*. Ces documents feront en même temps la lumière sur certains autres points de l'enquête, notamment sur les causes du mécontentement des indigènes de la région de Ina-Tiéti-Wagap.

Déposition du R. P. Chalandon :

Le 13 novembre on a procédé à l'audition du témoin suivant :

Je me nomme le **Père Chalandon**, missionnaire à Tié, âgé de quarante ans.

D. — Vous connaissez l'objet de notre mission. Nous sommes chargés de faire une enquête sur les faits révélés par deux télégrammes signés Paul Ounine et Antoine Kelé. Vous connaissez le texte de ces deux télégrammes?

R. — Je le connais. On ne peut pas mieux le connaître.

D. — La presque unanimité des colons nous a dit que la main-d'œuvre canaque leur faisait absolument défaut. Pouvez-vous nous fournir à ce sujet des renseignements?

R. — Nous ne nous occupons que des catholiques, et n'avons pas de relations avec les païens. Or, la tribu d'Ina, qui est restée catholique, n'a pas de colons dans son voisinage. Dans la vallée de Tiéti, la tribu de François, sauf cinq ou six hommes, est à peu près apostate : j'entends par là qu'elle est retombée dans une indifférence religieuse absolue. Je ne suis d'ailleurs venu dans cette vallée qu'une seule fois, pour y exercer mon ministère auprès d'un malade et d'un apostat. La tribu de Tein, dans la vallée d'Amoa, est mixte. La tribu de Poindet ne compte guère que trois catholiques, dont le chef.

D. — On nous a dit que vous encouragiez les indigènes à payer l'impôt de capitation?

R. — C'est si vrai que j'ai avancé moi-même 15 francs

au chef François pour l'aider à payer l'impôt, et acheté des porcs à la tribu d'Ina dans le même but.

D. — D'autres témoins nous ont encore dit que vous aviez encouragé les Canaques à la résistance.

R. — Je déclare que c'est absolument faux.

D. — Les personnes qui nous ont dit cela se sont appuyées sur ce fait que, partout ailleurs, sauf dans ce district, l'impôt était régulièrement rentré.

R. — Je n'ai pas à répondre sur ce point particulier, car j'ignore où en est la rentrée de l'impôt. Je tiens à ajouter que l'on a calomnié les catholiques d'Amoa, en disant qu'ils avaient refusé de payer l'impôt de capitation, tandis que les païens l'avaient payé. Ce bruit a été répandu, m'a-t-on dit, par M. Grangier, géomètre à Ponérihouen. Or, hier, j'ai rencontré le chef Tein et lui ai demandé s'il avait parlé de la sorte à M. Grangier; il a nié le fait, me disant que les catholiques avaient payé comme les païens. Je tiens à ajouter un mot au sujet d'une déposition que vous avez dû recevoir de M. Testard, colon à Tibarama. Il s'agit d'une conversation que j'ai eue avec lui ces jours derniers au sujet de l'impôt de capitation et je ne voudrais pas que cette conversation fût dénaturée. Nous avons parlé des procédés un peu arbitraires de M. de Sainte-Marie pour percevoir cet impôt de capitation, je lui ai dit que je ne les admettais point. A ce sujet, M. Testard m'a dit que l'on faisait très bien de faire travailler les indigènes, qu'ils étaient dans ce pays-ci les domestiques des colons. Je me suis insurgé contre cette théorie, et il m'a répondu : « S'ils ne doivent pas être nos domestiques, ils doivent être quelque chose comme cela. » J'ai nié son dire, en ajoutant qu'ils étaient libres comme lui, que leur couleur ne changeait pas leur nature. Nous avons discuté assez vivement sur ce sujet, et j'ai continué à lui citer ce que je savais sur les procédés employés par M. de Sainte-Marie pour la perception de l'impôt. Il m'a répondu : « Les Anglais agissent bien de la sorte dans leurs colonies, pourquoi ne ferions-nous pas comme eux? Et pourquoi nous a-t-on appelés dans ce pays si nous ne devions pas avoir les indigènes sous notre domination? » J'ai blâmé simplement les procédés de M. de Sainte-Marie, sans attaquer le principe même de l'impôt. Je crois cependant lui avoir dit que, pour beaucoup d'indigènes, la somme de quinze francs était une somme forte. Il a ajouté : « Je m'en suis aperçu autour de chez moi; j'ai été obligé d'avancer à certains indigènes la somme nécessaire pour payer cet impôt de capitation. »

Je dois ajouter également qu'on a calomnié les Missionnaires en disant qu'ils avaient baptisé ces jours derniers toute la tribu de Tiwaka, afin d'avoir des alliés; or, nous n'avons pas fait un seul baptême dans cette région.

D. — Plusieurs des colons nouvellement arrivés se plaignent de ce que vous ayez tenté de les décourager pour les faire partir.

R. — J'ai dit à plusieurs colons que s'ils étaient arrivés dans ce pays avec l'idée de réaliser une fortune en quelques années, ils étaient dans l'erreur, mais que s'ils voulaient vivre simplement, ils pourraient aisément le faire. Quant à n'avoir pas aidé les colons, je m'inscris en faux, en disant que le Père Berne et moi avons toujours tout fait pour leur venir en aide le plus possible, et je puis mettre au défi n'importe quel colon de citer un fait qui établisse notre mauvaise volonté à leur égard, même de leur avoir refusé le moindre service lorsque nous pouvions le leur rendre.

D. — Il résulte des dépositions recueillies hier qu'il existe une hostilité latente entre la Mission et les nouveaux colons de cette région.

R. — Les Missionnaires sont heureux de voir des colons s'établir autour d'eux, et les favorisent dans la mesure du possible. Mais ils ne peuvent voir d'un bon œil les colons qui détournent les indigènes de la religion ou qui favorisent leurs vices.

D. — Vous nous avez dit que vous aviez encore quelques communications à nous faire.

R. — Ce sont plutôt des plaintes. Les indigènes d'Ina sont venus me parler à plusieurs reprises des griefs qu'ils ont contre l'Administrateur, M. de Sainte-Marie. Ce Monsieur a emprisonné le chef Livino pour n'avoir pas payé la capitation. Or l'Administration devait à ce chef une somme équivalente ou peu s'en faut à celle que le chef devait lui-même à l'Administration. Ce chef a versé tout ce qu'il avait, soit 90 francs; étant emprisonné, G. Grangié lui a fait parvenir une somme de 50 francs, prix du travail exécuté depuis longtemps sur la route de Poindimié (rive droite de la rivière). Il a versé immédiatement ces 50 francs entre les mains des gendarmes. Mais il n'a pas été relâché pour cela. Il a fait connaître à l'Administration qu'il avait par trois fois réparé la route, allant d'Ina dans la vallée habitée par le colon Lesaine. Cette route était payée précédemment à raison de 30 francs; par conséquent il revenait de ce chef à Livino une somme de 90 francs. Une seconde route, celle d'Ina à Tibarama a été entretenue à deux reprises différentes et sans paiement effectué; il revenait une somme de 20 francs au chef Livino pour ce travail. Ils ont réclamé cet argent à M. Peccard qui les a renvoyés à M. Millot, colon à Ina, lequel leur a répondu qu'il n'avait pas d'argent. Une troisième somme était encore due à ce même chef pour le travail de six indigènes employés à la réparation de la ligne du télégraphe pendant quatre semaines, au prix de 25 francs par mois, cela ferait 150 francs environ. Ils se sont adressés à M. Chiquet qui leur a répondu que le mandat n'était pas arrivé. De plus, on leur avait promis la nourriture pendant ces quatre semaines, et, pendant une semaine entière, ils ont été privés de vivres. Autre somme qui aurait dû être versée à la tribu : c'est le salaire d'un indigène nommé Noël, qui, pendant six mois, a travaillé au phare de Nouméa; au moment de retourner dans sa tribu, il est allé au bureau de l'Immigration réclamer son dû, soit **150** francs. Il lui a été répondu, par M. le Directeur, qu'il toucherait cette somme à Ponérihouen ; il l'a réclamée en effet, et il lui a été répondu : Nous n'avons pas reçu d'argent pour vous.

Ces diverses sommes forment un total de **571** francs, en y comprenant **21** fr. **60** pour nourriture des indigènes de la ligne télégraphique.

Autre chose contre l'emprisonnement : on a incarcéré le chef Livino au moment où il était atteint de la dysenterie. Ceci a exaspéré les indigènes.

Autre sujet de mécontentement : ce sont les injures adressées par M. de Sainte-Marie aux chefs des tribus et les deux coups de pied donnés au chef François. C'est cela surtout qui a ému les Canaques de Wagap. M. de Sainte-Marie niera peut-être le fait, comme il l'a fait dimanche dernier au Père, disant que les indigènes étaient menteurs et que leur témoignage à ses yeux n'avait aucune valeur. Voici un fait qui prouve que M. de Sainte-Marie a deux paroles : il a nié au Père Berne les coups de pied donnés au chef François ; or, mardi dernier, arrivé à Tiéti, il a fait appeler François dans sa chambre et lui a dit : « Ce n'est pas toi qui as télégraphié à Nouméa que je t'avais frappé ? » Le chef a répondu : « Non ! ce n'est pas moi, c'est mon fils Antoine. » « Eh bien ! a ajouté M. de Sainte-Marie, ton fils Antoine est un gros couillon, car je ne t'ai pas fait mal, n'est-ce pas ? Tu vois bien que je suis un tout petit homme et que je n'ai pas la force de te faire du mal. Si j'étais un gros gaillard, ce serait différent. Puis n'oublie pas que M. le Gouverneur ne voulait pas te donner de médaille. C'est moi qui t'ai fait appeler à Ponérihouen et t'en ai donné une. Ces deux coups de pied, je te les ai donnés parce que j'étais très en colère ; tu n'avais pas achevé le hangar de M. Poincheval et n'avais pas payé l'impôt de capitation. »

Ces paroles, mercredi dernier, ont été ébruitées parmi

les indigènes de Wagap, et de là des rires moqueurs au sujet de M. de Sainte-Marie. Ce même Monsieur a traité le vieux chef de Wagap de « Sale cochon », termes qui n'ont pas fait plaisir aux indigènes.

Autre sujet de mécontentement, c'est de se voir constamment commandés par le libéré Bonguet, qui ne cesse de les menacer du piqueur, du commandant, de la carabousse, etc...

Ces jours derniers j'avais entre les mains un papier de cet individu disant : « Ordre de la part de la gendarmerie au chef Robert de se rendre immédiatement chez M. Chiquet où un gendarme l'attend. » Je suis actuellement possesseur de ce papier; il est de la main même du libéré Bonguet et signé de son nom.

Autre sujet de mécontentement :

Ce sont les amendes infligées constamment aux indigènes sans raison, ou presque sans raison. Je cite un fait à l'appui de mes paroles : Il y a trois à quatre mois environ, le maréchal des logis de Touho fait dire au chef François de Saint-Denis de se rendre à Touho pour y entendre une communication. Ce chef en ce moment était malade; il est venu me trouver, me disant : « Veuillez m'excuser auprès du gendarme. Dites-lui qu'il m'est impossible de me rendre aujourd'hui à Touho, car je suis malade ». Je fais aussitôt un lettre au maréchal des logis pour le prier d'excuser François. Quelques jours après, le chef François reçoit l'ordre de verser **20** francs pour n'avoir pas exécuté les ordres du maréchal des logis, M. Basset.

M. l'administrateur Sainte-Marie a infligé **10** francs d'amende à deux indigènes qui ne l'avaient pas salué sur la route. L'un se nomme Macario et l'autre Hiéronyme; ils habitent l'un au village de Saint-Denis et l'autre au village de Saint-Gabriel.

Actuellement encore les indigènes se plaignent de voir le retard que l'on apporte à payer ceux qui font le service des pirogues sur les rivières. Depuis quatre mois, ces indigènes n'ont pas été payés, soit à Tié, soit à Wagap.

Autre fait déplorable : les listes d'impôt ont été faites d'une manière peu réfléchie. Des indigènes impotents, des vieillards et même des morts y figurent, tandis que des jeunes gens n'y sont point portés.

Les témoignages de MM. Darmagnac, Walter, Testart n'ont aucune valeur, pas plus que celui de M. Poincheval, parce que nous n'avons pas de catholiques dans cette tribu. Les témoignages des autres colons de cette vallée n'en ont pas davantage.

D. — Qui a pu vous faire croire que l'enquête actuelle avait été dirigée contre vous ?

R. — Ce sont des personnes qui nous l'ont écrit de Nouméa et la pétition que l'on a fait circuler dans le pays.

Plus n'a déposé et a signé avec nous après lecture.

Signé : B. **Chalandon**, Ch. **Leconte**,

Fawtier et **Fortin**

Le public sera peut-être étonné de ne pas trouver parmi les signatures celle de M. Poincheval, secrétaire de la Commission. Nous devons dire que le R. P. Chalandon, connaissant les idées sectaires de ce secrétaire, avait refusé de déposer devant lui. Et personne n'en fut étonné.

Lettre du R. P. Berne.

Nouméa, le 22 janvier 1900,

A M. le Directeur du journal *la Calédonie*.

Monsieur le Directeur, vous avez publié dans votre journal le Rapport de la Commission d'enquête sur les soi-disant troubles de Wagap et un prétendu « fervent catholique » a jugé à propos de se livrer sur ce rapport à des commentaires où je suis personnellement pris à partie. Ma présence à Nouméa m'a permis d'en prendre connaissance tout de suite. J'y réponds sans tarder.

Usant du droit que me confère la loi, je vous prie et au besoin vous requiers d'insérer, en ce même journal, la protestation suivante, qui m'est imposée par le devoir de rétablir la vérité, pour le nombreux public chrétien dont j'ai l'honneur d'être connu depuis de longues années.

Ce n'est pas une défense de la Mission si odieusement attaquée que je viens établir, cette défense paraîtra en son temps. Je viens simplement m'inscrire en faux contre certains faits qui me sont personnellement imputés ou dans lesquels on me dit impliqué.

1° Il est faux que j'aie prêché une résistance quelconque à l'autorité et engagé, en quoi que ce soit, les indigènes à ne pas payer l'impôt de capitation. Comme je l'ai déclaré à l'enquête, jamais la question de la capitation n'a été traitée par moi devant les indigènes, loin desquels d'ailleurs je réside et avec lesquels je n'ai que de rares relations, étant uniquement, par fonctions, directeur de l'asile Saint-Léonard.

Le « fervent catholique » s'écrie sur un ton de mélodrame : « Et pourtant l'évidence est là ! »

Et moi je lui demande : D'où ressort-elle votre évidence ?

En premier lieu sans doute, des dépositions des colons? Or, après avoir bien lu, je crois, toutes ces dépositions, je trouve que deux seulement affirment leur croyance à l'ingérence des Missionnaires et encore s'abstiennent-ils de produire des preuves, et que deux autres se contentent de l'insinuer.

Que peuvent dans la balance de la vérité ces allégations ou insinuations gratuites en face de la déclaration signée de 30 noms de colons de la région, déclaration que je reproduirai en terminant.

D'où peut ressortir encore cette prétendue évidence? Sans doute de la réunion tenue par les indigènes à Wagap, le 8 novembre — d'après la déposition de la femme Chiquet, basée uniquement sur des cancans canaques — ou le 9 d'après l'opinion de son mari, aussi solidement motivée. A cette réunion du 8 ou du 9, au choix, le P. Vincent, le P. Chalandon et moi sommes censés avoir assisté et parlé.

J'affirme que depuis mon voyage à Touho qui a eu lieu le 7 novembre — le jour même de l'entrevue de M. de Sainte-Marie avec les indigènes — jusqu'au 13, je suis resté à Saint-Léonard, avec mes asilés, et n'ai connu que plus tard l'existence de cette réunion. J'affirme aussi que pendant ce même laps de temps le Missionnaire de Tié est resté avec ses dysentériques, et que celui de Touho n'a fait aucune apparition dans notre région. Je défie qui que ce soit de prouver le contraire.

D'ailleurs M. Chiquet déclare, dans sa déposition du 27 novembre, avoir entendu parler de cela par les indigènes de la tribu de Téin et en particulier par le Canaque Hédé. Or, ce même jour, Téin lui-même a déposé qu'il connaissait la réunion, mais qu'il n'avait pas entendu dire *que les Pères y eussent assisté.*

En ce même jour encore Hédé a déposé qu'en se rendant à bord du *Saint-Antoine*, il avait constaté la réunion, mais *n'y avait pas vu les Pères.*

Que penser après cela du premier témoignage?

Où est l'évidence maintenant?

2° Il est faux que, dans un sermon, lors de l'inauguration de l'é-glise de Tié, le 14 septembre, j'aie prononcé la parole suivante en langue canaque : « *Faites-vous catholiques et le Gouvernement ne vous prendra pas vos terres* », parole qui a servi de base au rapporteur de la commission pour établir l'un des principaux points de sa thèse.

Je proteste contre les dépositions faites sur ce point.

Il sera dit plus tard comment on peut expliquer qu'une telle affirmation ait pu se produire, en particulier de la part de Silvéri, lequel est notoirement dépourvu de toute instruction élémentaire quoi qu'en dise le rapport.

D'ailleurs me prêter semblable parole, c'est me prêter un raisonnement ridicule, car pour ceux qui connaissent la situation de mes auditeurs d'alors, c'est me faire parler ainsi :

Païens de Tibarama, d'Ina, de Poindimié, de Tiéti, d'Amoa, vous dont on a pris les terrains, tout comme ceux des catholiques auxquels vous êtes mêlés, faites-vous catholiques pour que le Gouvernement ne les prenne plus. — Et vous païens de Ti-Ouaka, de Kokingone, de Ponandon et autres lieux qui jusqu'ici avez conservé intégralement vos territoires contrairement aux catholiques, vos voisins, faites-vous bien vite chrétiens vous-mêmes, pour pouvoir les garder! »

Franchement c'est de l'aberration.

Me faire parler ainsi, c'est me faire parler en sot et je n'accepte pas ce rôle.

Je suis certain n'avoir parlé de *terre* que dans le sens que voici : Vous qui n'êtes pas encore chrétiens, unissez-vous à vos frères qui le sont déjà pour que votre conduite soit bonne sur *cette terre*, et que vous partagiez, après cette vie, le bonheur du ciel promis par Jésus-Christ aux bons chrétiens. » Simple traduction de la parole de l'Écriture : « *Pietas ad omnia utilis est, promissionem habens vitæ quæ nunc est et futuræ.* » C'est là, je suppose, une application sensée et d'un à-propos incontestable.

Qu'a-t-elle de commun, cette parole, avec l'autre?

Du reste, on a dit qu'à ce sermon assistaient environ 1.200 indigènes. Eh bien! si trois d'entre eux ont affirmé — avec la même assurance qu'on mettrait à réciter une leçon apprise par cœur — la parole ridicule qu'on m'attribue. j'en appelle, pour en démontrer la la fausseté, aux 1.197 autres.

J'ajouterai une remarque qui a sa valeur. Pourquoi MM. les Enquêteurs qui avaient reçu les dépositions accusatrices, le 27 novembre, ne m'ont-ils pas interrogé sur ce point, lorsqu'ils sont venus prendre ma seconde déposition le lendemain? Il me semble qu'en cette circonstance j'avais le droit d'être mis à même de me défendre. J'aurais été heureux de leur montrer mon discours bien et dûment écrit du premier mot au dernier — discours que j'ai d'ailleurs lu en entier — et de le faire traduire par l'interprète. Je leur eusse ainsi épargné aussi bien qu'au « Fervent catholique », auteur de l'article, une des causes de la tristesse qu'ils disent avoir éprouvée.

3° Il est faux qu'après mon discours du 14 septembre, Kéla se soit converti à la religion catholique. C'est vers la fin de novembre, donc plus de deux mois après la fête de Tié, que le chef Robert, pour la première fois, m'a parlé des ouvertures, à lui faites par Kéla, pour se faire chrétien. Fausses, par conséquent, toutes les déductions qui ont été tirées de ce fait.

4° Il est faux qu'après leur entretien avec M. de Sainte-Marie, le 7 novembre, les indigènes de Wagap soient venus me parler à Saint-Léonard, où je ne me trouvais pas d'ailleurs, puisque ce jour-là j'étais allé à Touho. En rentrant, vers six heures du soir, je rencontrai les indigènes en train de terminer le chemin commandé par l'Administration.

Oui, tout cela est faux, et bien d'autres points de détail encore, que je me réserve de relever plus tard, si c'est nécessaire.

Par contre, il est vrai que je me suis employé de mon mieux à calmer les indigènes, après les premières menaces d'emprisonnement faites chez Chiquet par M. de Sainte-Marie et dans tout le cours de cette déplorable affaire.

Il est vrai, et je m'en fais honneur, quoi qu'en puissent penser certains esprits malveillants, fussent-ils fervents catholiques, que j'ai conseillé de bonne foi, dans un moment d'angoisse poignante, aux malheureux indigènes, menacés de fusillade, de se mettre sous la *protection de la justice française.*

J'affirme, malgré les dénégations des intéressés, que toute la population était sous le coup de ces menaces trop réelles, qu'un grand nombre d'indigènes ont distinctement comprises et répétées maintes fois aux habitants de la région.

Telle est la vérité sur quelques points principaux. Je prie donc le « fervent catholique » de déposer sa tristesse, et le public honnête de se rassurer.

Non, des Français revêtus d'un caractère sacré n'ont pas failli à leur mission de paix.

Oui, j'ai toujours, ainsi que mes confrères, « répandu la paix et la bonne volonté parmi les hommes » — tous les hommes quels qu'ils soient auxquels j'ai eu affaire depuis bientôt 17 ans que j'habite cette colonie, tous les hommes de toutes catégories — habitants de Nouméa où j'ai résidé pendant 4 ans, colons libres de l'intérieur où je réside depuis plus de 12 ans — orphelins — condamnés — libérés — indigènes chrétiens et païens.

Quant aux allures brutales et grossières que l'on me prête, elles ne sont pas dans mes habitudes. J'en appelle à ceux qui me connaissent, et ce ne sont pas ceux-là qui ont été amenés à déposer contre moi.

Les déclarations que je viens de faire sont, dans leurs principaux points, confirmées par les colons qui, pour protester contre la mise en accusation des Missionnaires, ont signé la déclaration suivante. (*Suit la pièce reproduite plus haut avec les 30 signatures.*) *La lettre continue :*

Cette déclaration a été remise à M. le Gouverneur le 27 décembre, et une copie en a été adressée, par le même courrier, à M. le Président de la Commission d'enquête.

N'y a-t-il pas lieu de s'étonner qu'elle n'ait été prise en aucune considération, et qu'elle n'ait reçu aucune sorte de publication?

Quand on a sous les yeux cette déclaration, que penser de cette phrase du rapporteur :

« Les colons, sauf deux ou trois, expriment leur opinion (contre les Missionnaires, à propos de la résistance à la perception de l'impôt de capitation) dans des termes si énergiques que nous avons dû souvent en adoucir l'expression? »

Le public appréciera.

S. M. Berne,
Directeur de l'Asile Saint-Léonard.

Ces déclarations nettes et précises des RR. PP. Berne et Chalandon suffiraient pour mettre à néant les accusations énoncées dans l'enquête. Afin cependant qu'il n'en reste plus rien dans l'esprit de nos lecteurs, nous discuterons plus loin ces accusations et nous verrons que la montagne en travail n'a pas même pu accoucher d'une souris :

Parturiunt montes, (nec) nascetur : (quidem) ridiculus mus.

L'une des accusations le plus souvent répétée, mais toujours *sans preuves,* durant l'enquête, contre les Pères de la région, est celle-ci :

1° LES MISSIONNAIRES ONT DIT AUX INDIGÈNES DE NE POINT PAYER L'IMPÔT DE CAPITATION.

M. le rapporteur regarde la chose comme acquise.

Elle ne l'est nullement.

Cette calomnie, qu'aucun fait ne rend même vraisemblable, fut répandue dans la contrée quelques jours avant l'enquête. Les Pères en eurent connaissance. Et, indignés de cette imputation, ils protestèrent par le télégramme suivant :

Pour Nouméa de Tiéti. N° 15. Mots 101. Dépôt le 16 no. 1899 à 12 h.
Missionnaires région Wagap à Évêque. — Nouméa.

Nous apprenons Administrateur aurait dit en plusieurs circonstances devant Européens et indigènes que Canaques chrétiens point payer capitation parce qu'ils portent argent aux Missionnaires. Si c'est vrai, nous protestons avec indignation. Jamais n'avons reçu un sou. Protestons aussi hautement contre insinuations missionnaires pousser indigènes ne point payer capitation. En fait ne cessons de prêcher calme, résignation, patience...

Berne, Vincent, Chalandon.

Si quelques témoins ont ressassé cette allégation sans pouvoir la prouver, nous avons, pour la réfuter, la déclaration de plusieurs colons, dont les renseignements viennent de source plus désintéressée.

M. Paul Soury-Lavergne dépose en effet :

« J'ai la conviction absolue que les Pères Berne et Chalandon n'ont nullement poussé les Canaques des tribus de Tié et de la Ti-Waka à la rébellion, que cette rébellion du reste n'en est pas une précisément...

« Ce qui me fait croire en outre que les Pères Chalandon et Berne n'ont nullement poussé les Canaques à la résistance, c'est qu'à plusieurs reprises, depuis le commencement des opérations de recouvrement, ils m'ont l'un et l'autre exprimé leur anxiété au sujet des Canaques atteints de la dysenterie et sans argent, et leur *crainte* de voir les Canaques résister, étant donnée leur irritation vis-à-vis, principalement, de M. de Sainte-Marie. »

M. G. Soury-Lavergne dépose de son côté :

J'ai entendu dire qu'on accusait les Pères d'avoir excité les indigènes à ne pas payer l'impôt. J'ai questionné Robert à ce sujet pour me faire une opinion personnelle, j'étais seul avec lui et chez lui. Il m'a répondu qu'il n'en était rien. Je dois protester, d'après mes convictions personnelles, contre cette accusation. »

Et M. Paul Jeannin, colon à Amoa :

« En ce qui concerne le rôle des Missionnaires vis-à-vis des indigènes dans les circonstances présentes, je puis affirmer, d'après le témoignage de ces indigènes avec qui je suis mieux que les autres colons, grâce à ma religion, que les Missionnaires ne les ont jamais engagés à refuser le paiement de l'impôt de capitation. Des paroles du P. Berne m'ont même été rapportées qui les engagent à se soumettre. »

Quelques indigènes païens ont été amenés à déposer contre les Missionnaires. Ces dépositions fort peu spontanées ont déjà été pour la plupart — nous le savons de source certaine — démenties par ceux-là mêmes qui les avaient faites par crainte ou par intérêt. Elles sont d'ailleurs annulées par les dépositions diamétralement contraires de nombreux autres indigènes, dépositions qui, pour M. le rapporteur — nous le constatons non sans étonnement — paraissent être non avenues. Nous citons :

On demande à Poindet, chef de Poindimié :

D. — Les Missionnaires vous ont-ils dit de payer l'impôt?

R. — Oui, le Père Chalandon m'a dit de le faire quand nous avons reçu les feuilles.

A Hippolyte Napoléon, grand chef de Touho :

D. — Qu'avez-vous à nous dire à propos de l'agitation actuelle?

R. — Le P. Vincent, missionnaire à Touho, nous a exhortés à l'église, à payer l'impôt de capitation etc... »

Plusieurs indigènes déclarent qu'ils ont pu payer leur capitation grâce à l'argent que les Pères leur ont avancé.

De ces dépositions diverses nous avons droit de conclure que les Missionnaires, ainsi qu'ils l'ont déclaré, ne se sont jamais occupés, en présence des indigènes, du principe même de l'impôt de capitation, que loin d'avoir poussé les indigènes à la résistance sur ce point, ils les ont engagés à la soumission. Ils se sont bornés à blâmer — avec beaucoup d'autres, certes ! — les procédés employés par M. de Sainte-Marie dans le recouvrement de cet impôt.

D'ailleurs, l'adresse à M. le Gouverneur, signée de 30 noms, déclare formellement que tous les colons signataires n'ont jamais pris au sérieux cette accusation.

Avant de terminer ce paragraphe nous ajouterons que le R. P. Berne nie absolument le propos qui lui est attribué par un colon d'Amoa. D'après ce colon, le Père lui aurait dit que l'impôt de capitation était *inique*.

Dans la conversation — très cordiale d'ailleurs — qu'ils ont eue après le passage de l'administrateur, il fut question non de l'impôt lui-même, mais du *mode de perception*. — Nous voulons croire que ce colon a voulu réparer son propos, sans doute peu réfléchi, en signant la déclaration à M. le Gouverneur en faveur des Missionnaires.

De cette accusation, dont nous venons de faire voir abondamment l'inanité, M. le rapporteur, pour qui elle est chose démontrée, veut tirer des conclusions générales contre la Mission ; et ces conclusions dépouillées, de leur enveloppe quelque peu nuageuse, reviennent à dire que la Mission à l'occasion de l'impôt de capitation a organisé « *un mouvement de résistance à l'autorité* » ; — en d'autres termes, que les indigènes catholiques ont résisté à la perception de cet impôt — sous l'influence des Missionnaires, bien entendu.

Or, c'est absolument le contraire qui a eu lieu en réalité. Une simple énumération va le démontrer et porter par là même le dernier coup à l'accusation.

Il y a bon nombre d'indigènes catholiques employés à Nouméa — tous, sans exception, ont acquitté l'impôt, nous ne disons pas avec enthousiasme, mais au moins avec une tranquille résignation. Il faut en dire autant des tribus catholiques de Païta, Saint-Vincent, y compris celle d'Ennedé.

A la Conception, à Saint-Louis, tout le monde a payé.

On nous a dit qu'il en a été de même à Touaourou, Yaté, Ounia.

Nous avons entendu dire qu'à l'île des Pins on avait payé plus qu'on ne devait.

Tout le monde a payé dans la mission catholique de Maré, Lifou, Ouvéa.

Nous en disons autant pour les tribus catholiques de Nakéty, Houaïlou, Azareu (Bourail), Ouindou.

A Ina, Poindimié, Tiéti, Amoa, Touho, Kongouma, Hyenghène, les indigènes catholiques ont donné tout ce qu'ils avaient. Le chef de Kongouma a même engagé son cheval pour avoir de l'argent.

Pouébo, Balade, Tiari, Arama, Bondé se sont aussi soumis docilement à la dure nécessité et ont payé intégralement, nous dit-on.

Reste Wagap. Là les indigènes ont déclaré qu'ils n'avaient pas d'argent pour payer l'impôt, mais ils ont fait valoir qu'ils avaient du crédit sur la caisse de l'Administration, ou, en d'autres termes, qu'ils avaient payé d'avance par les travaux considérables exécutés pour son compte, *considérables,* nous appuyons à dessein sur ce mot, bien que le piqueur Peccard, et le libéré cantonnier Bouguet aient déposé le contraire.

Ce sont les catholiques de Wagap, quoi qu'en disent ces deux agents, qui ont construit les trois quarts de la fameuse route de 3 kilom. (le chiffre est de M. Peccard) sur la rive gauche de la Ti-Ouaka; et pour ce faire — d'après les comptes tenus jour par jour par le fils du chef — ils ont fourni 45 *journées à* 20 *hommes en moyenne,* c'est-à-dire le total respectable de 900 JOURNÉES DE TRAVAIL. Notons que pendant la durée de ce long travail, ils n'ont rien reçu pour leur nourriture, pas un grain de riz, et que la somme promise par le piqueur Peccard était 200 francs, à partager avec la tribu païenne de Kokingone !

Si nous ajoutons qu'il était dû à la tribu 4 mois pour le

passage du bac, soit 100 francs, — que de plus les indigènes se plaignaient qu'on leur eût pris sans les payer un îlot à l'embouchure de la Ti-Waka où ils faisaient leurs cultures, (*déposition du R. P. Berne et de l'indigène Léopold*), on conviendra que ces malheureux habitants de Wagap pouvaient croire de bonne foi que leur quote-part d'impôt était largement représentée par leur créance sur l'administration. Comme conclusion, nous disons, contrairement au rapport, que les catholiques ont aussi bien et même mieux payé l'impôt que les tribus païennes. Nous le savons pertinemment, ces tribus païennes que M. le maréchal des logis Laborderie a bien osé appeler *fidèles*, par opposition avec les infortunés catholiques de Wagap, ne donnèrent à l'administrateur en tournée de perception qu'une des sommes qu'il leur réclamait. Nous croyons d'ailleurs que, comme les catholiques, elles donnèrent tout ce qu'elles avaient, tant elles étaient terrorisées par la perspective de la carabousse et de l'exil dont leurs chefs étaient menacés.

2° LES MISSIONNAIRES SONT OPPOSÉS A LA COLONISATION.

Telle est la seconde accusation qu'un mot d'ordre fait circuler depuis trois ans parmi les colons. Feu le *Radical*, de triste mémoire, s'est évertué, on sait par quels moyens, à l'accréditer. *La Calédonie*, depuis quelque temps, s'est aussi employée de son mieux à la même besogne.

Les dépositions de certains colons sembleraient à première vue justifier cette imputation. Mais quand on les examine de près, on voit bientôt qu'elles n'ont aucune force probante.

Ainsi, il est parfaitement notoire que celui qui se plaint que « le vide est fait systématiquement autour de lui, grâce à cette influence » (celle du Missionnaire voisin) est lui-même l'auteur de ce vide, puisqu'il se vante de tenir les indigènes à 50 mètres de sa maison.

Ceux qui connaissent le témoin Boisson savent très bien ce que peuvent valoir ses allégations, et il est profondément ridicule de l'entendre affirmer que telle famille est la seule qui ait été soutenue par la Mission. Nous affirmons, nous, que tous les colons, quels qu'ils soient, ont toujours été cordialement accueillis par les Missionnaires. Tous ceux qui ont eu recours à eux en ont reçu au moins « un appui moral réconfortant », comme dit le signataire de la lettre publiée pas *la France Australe*, lettre que nous avons reproduite. Plusieurs leur sont redevables de services bien appréciables, que d'ailleurs ils n'auraient jamais pensé à faire valoir, si les circonstances ne les y avaient obligés.

Aussi, quand un des enquêteurs dit au P. Chalandon : « Plusieurs des colons nouvellement arrivés se plaignent de ce que vous avez tenté de les décourager pour les faire partir », — il peut répondre avec assurance, parce que c'est la vérité : « J'ai dit à plusieurs colons que s'ils étaient arrivés dans ce pays, avec l'idée de réaliser une fortune en quelques années (*selon le fameux programme*), ils étaient dans l'erreur, mais que, s'ils voulaient vivre simplement, ils pourraient aisément le faire. Quant à n'avoir pas aidé les colons, je m'inscris en faux, en disant que le Père Berne et moi avons toujours tout fait pour leur venir en aide le plus possible et je puis mettre au défi n'importe quel colon de citer un fait qui établisse notre mauvaise volonté à leur égard, même de leur avoir refusé le moindre service lorsque nous pouvions le leur rendre. » Il a pu dire encore avec non moins de vérité : « Les Missionnaires sont heureux de voir les colons s'établir autour d'eux et les favorisent dans la mesure du possible. » Et s'il ajoute : « Mais ils ne peuvent voir d'un bon œil les colons qui détournent les indigènes de la religion, ou qui favorisent leurs vices », qui osera dire qu'il n'a pas raison? N'est-il pas déplorable de voir plusieurs de ces colons nouveaux venus préférer à la culture difficile du café ou du céara l'exploitation plus facile du Canaque dont ils favorisent le malheureux penchant à l'ivrognerie !

Voici la déposition du P. Berne sur ce même point. Nous savons que personne ne la démentira :

« J'ai été singulièrement étonné d'apprendre par le P. Chalandon que Messieurs de la Commission d'enquête lui avaient dit hier : « Beaucoup de colons se plaignent que les Missionnaires ne leur viennent point en aide », ou quelque chose d'à peu près. Je me croyais sincèrement, pour mon compte, l'ami de tous, sauf d'un ou deux brouillons. Je crois avoir rendu des services à la plupart des nouveaux venus. Je leur ai donné tous les conseils et renseignements qui pouvaient leur être utiles. — S'il y a des vaches laitières douces, dans la vallée d'Amoa, à Tiéti, à Ina et même à Ponérihouen, c'est en partie grâce à moi, qui m'en suis défait, à contre-cœur, après les avoir péniblement élevées, pour rendre service aux arrivants. Je me suis toujours mis à la disposition de tous, pour graines, plantes, boutures de toutes sortes. »

Certes ! le P. Berne n'aurait jamais pensé à se prévaloir de ces services rendus, si les quelques brouillons auxquels il fait allusion ne l'y avaient forcé. Mais ce qu'il dit n'est que l'énoncé de faits bien connus.

Il est avéré, dans la contrée, que l'établissement de Saint-Léonard dont le P. Berne est le directeur, a été d'un grand secours pour les nouveaux colons. Et tel qui, dans un but intéressé, a le plus méchamment déposé, aurait pu avoir la mémoire moins courte et le cœur plus reconnaissant.

Nous sommes certains que la grande majorité des colons souscriront aux paroles de M. Paul Jeannin devant la Commission.

« J'ai appris, dit-il, qu'on s'était plaint de ce que les Missionnaires s'étaient montrés hostiles à la colonisation, en cherchant à détourner de leur voie les colons leurs voisins. Je dirai au contraire que je connais plusieurs services qui leur ont été rendus par ces Missionnaires.

Lorsque des colons se sont rendus à Saint-Léonard, ils y ont toujours été parfaitement accueillis, et des ouvriers de la maison ont été détournés de leur travail pour faire des travaux étrangers. Je citerai M. D.... Je citerai encore M. P..., M. M., S.-L., et ma famille. Je connais d'ailleurs ces paroles prononcées par le P. Chalandon : « La colonisation vous mènera difficilement à une fortune prochaine, mais vous procurera une large aisance. » Ceci s'adressait à plusieurs colons. Si certains autres colons se plaignent d'être en mauvais termes avec les Missionnaires de Tié et Saint-Léonard, c'est que leur mode d'existence ou certaines actions ne permettaient pas à ces Missionnaires d'accepter leurs relations.

L. P. Chalandon, dans un banquet offert à l'occasion de la bénédiction de l'église de Tié, a réuni à sa table tous les colons des environs, autres que ceux dont je viens de parler; ces détails montrent que les *Missionnaires protègent la colonisation* plutôt qu'ils ne la combattent.

D'ailleurs cette deuxième accusation, comme la première, tombe devant la déclaration des 30 colons assurant *n'avoir eu qu'à se louer de la manière de faire des Missionnaires.*

Une fois encore nous affirmons donc que la Mission n'est pas et n'a jamais été l'ennemie de la colonisation. Les colons le savent bien.

3° LES MISSIONNAIRES FONT DU COMMERCE.

La troisième accusation regarde le prétendu *Commerce* fait par les Missionnaires, qui, pour cette raison, d'après les dépositions de MM. Daguet et Trolé — les deux seuls témoins qui aient osé rééditer ce vieux cliché — verraient d'un mauvais œil l'installation de nouveaux colons dans leurs parages.

Dans tous les pays de Missions, cette accusation a été rebattue par les ennemis de la religion, quand il s'est agi de soulever l'opinion contre les Missionnaires. La Calédonie ne pouvait y échapper.

Quand on remonte en effet dans son histoire, on constate qu'en 1868, quand des esprits sectaires, inspirés par M. le gouverneur Guillain, voulurent rendre la Mission responsable de la catastrophe qui eut lieu à cette époque à Oubatche, les Missionnaires furent accusés, à peu près dans les mêmes termes qu'aujourd'hui, de faire du commerce. M. le Procureur général de l'époque, l'honorable M. Champestève, fit hautement justice de cette accusation.

En 1897, les folliculaires de feu *le Radical* renouvelèrent de la façon la plus haineuse cette accusation.

Dans la campagne actuelle, la plus violente de toutes, on ne pouvait manquer de gloser encore sur ce point. MM. Daguet et Trolé l'ont fait et M. le rapporteur s'est empressé d'enchâsser le cliché dans ses conclusions : « Leur mobile (des Missionnaires dans l'affaire de Wagap) a été... cette conviction ancrée dans leur esprit que la présence de nouveaux colons est nuisible, peut-être à leur influence spirituelle, et certainement *à leur influence temporelle* sur les indigènes. »

Le *factum* clandestin, adressé à M. le Ministre des colonies par quelques membres du Conseil général, devait, lui aussi, ressasser la rengaine ; il l'a fait de la manière la plus odieuse, qui sentait les anciens rédacteurs du *Radical*.

Nous ne croyons mieux répondre à cette accusation qu'en reproduisant quelques pages d'une brochure publiée, en 1898, par un missionnaire de la Nouvelle-Calédonie, pour réfuter, devant le public de la métropole, le prétendu négoce des Missionnaires :

Ce n'est pas la loi civile qui interdit le commerce aux Missionnaires ; ils ont, d'après notre code, en cette matière, les mêmes droits que tout citoyen français. C'est une loi ecclésiastique qui, pour des motifs de haut intérêt religieux, fait un devoir à ses prêtres de s'abstenir des opérations commerciales.

La question est donc du ressort de la jurisprudence ecclésiastique. De quel droit des publicistes, la plupart sectaires et mécréants, se permettent-ils de mettre les Missionnaires en accusation en ce qui regarde le commerce ? Sont-ils les gardiens des intérêts religieux et des lois de l'Église ?

Mais, une fois cette question de principe posée, je me déclare à même de défendre sur ce point, comme sur tous les autres, les Missionnaires de la Nouvelle-Calédonie.

Pour prendre la situation *ab ovo*, il faut se reporter à l'année 1842. Pendant 10 ans, les Missionnaires se trouvèrent seuls en face des Calédoniens qu'ils évangélisaient. Ne furent-ils pas obligés, à cette époque, de leur céder eux-mêmes des vêtements pour couvrir leur nudité, des outils qu'ils réclamaient à grands cris, en voyant de quelle utilité ils étaient entre les mains des Missionnaires, ne se sont-ils pas trouvés dans la même situation, dans les tribus retirées où aucun Européen n'apparaissait?

Les Missionnaires n'ont-ils pas, à cette époque, fait acte de civilisation et de charité en apprenant aux indigènes à tirer parti de leurs cocotiers, en faisant de l'huile de coco, du coprah, à apprécier la valeur de ces produits, à connaître la monnaie et l'utilité des objets d'échange et même en leur servant plus tard d'intermédiaires auprès des premiers caboteurs qui vinrent chercher leurs produits et trafiquer avec eux? N'était-ce pas de toute nécessité, vu que, seuls, ils pouvaient servir d'interprètes entre l'indigène et le caboteur? Que de fois les premiers commerçants ont prié les Missionnaires de leur rendre ce service et même de vouloir bien permettre que les indigènes concentrassent tous leurs produits à la Mission où il leur serait plus aisé et plus expéditif de les prendre en bloc.

Si, plus tard, des difficultés et des plaintes ont surgi, ce n'est que lorsque des Missionnaires se sont permis de prendre les intérêts des indigènes et de leur apprendre à faire appel à la concurrence. Tout homme sensé en conviendra, ce n'est pas en prêtant aux indigènes le concours indispensable dont je viens de parler que les Missionnaires ont pu donner prise à la critique. Comme le déclarait en 1868 le Procureur général, M. Champestève, « bien loin de les blâmer on devrait leur savoir gré de donner aux indigènes une impulsion qu'eux seuls peuvent leur inspirer ». C'était faire œuvre d'éducation et de civilisation.

Toutefois, les Missionnaires, respectueux observateurs des lois ecclésiastiques et des instructions pontificales, ne voulurent pas se faire plus longtemps eux-mêmes les interprètes de la loi. Mgr Vitte, d'illustre mémoire, exposa à la Sacrée Congrégation de la Propagande la situation et demanda une ligne de conduite pour l'avenir.

Il fut répondu, le 18 février 1875, que les Missionnaires pouvaient, dans la situation et les circonstances exposées, continuer à approvisionner les néophytes tant que ces circonstances dureraient et à les diriger dans leurs transactions, à la condition expresse que le bénéfice, provenant de ces opérations, serait consacré à l'entretien des écoles.

Voici, d'après les Statuts du Vicariat, comment quelques Missionnaires ont été admis à user de cette autorisation :

« S'il arrive que, dans une Mission, *pour l'entretien des écoles* et pour les intérêts de la communauté chrétienne, il soit nécessaire d'en venir à faire avec les indigènes des échanges d'étoffes, d'outils et objets d'utilité contre des vivres, des produits, etc., le Missionnaire ne se le permettra qu'après en avoir obtenu l'autorisation écrite. Cette autorisation, vu la réponse faite par Rome à la consultation formulée par Mgr Vitte, en 1875, peut être accordée : mais elle ne le sera que très rarement, pour de très graves motifs et aux conditions suivantes : 1º qu'un indigène de confiance et capable prenne la direction des opérations ; 2º que le Missionnaire n'intervienne que pour la surveillance générale de la comptabilité et de la gérance ; 3º que le local consacré à ces opérations soit hors du clos du presbytère. »

On le voit, par ce règlement administratif, les Missionnaires, désireux de se conformer autant que possible à l'esprit de la loi ecclésiastique, n'ont usé de cette autorisation qu'avec la plus grande réserve.

De 1875 à 1885, il n'y a eu en effet que trois ou quatre Missions autorisées, depuis 1885 deux seulement, et en 1897 une seule.

Cette année, aucune Mission n'a demandé à user de ce privilège et, partant, il n'y a aujourd'hui aucune situation, aucun acte, aucun prétexte qui puisse permettre d'accuser la Mission de faire du commerce.

Ouï le présent exposé, comme on parle au Palais, en quoi les Missionnaires ont-ils mérité d'être mis en accusation ?

Est-ce au nom de la loi française ? Est-ce au nom de la loi ecclésiastique ?

En ce point, comme en tout autre, ils ont régulièrement et dignement fait leur devoir.

Vous pensez qu'après ces explications les criailleries haineuses de nos ennemis vont prendre fin. Ce serait trop présumer de leur droiture.

Il faut qu'ils puissent dire que les Missionnaires ont l'*esprit mercantile* ; c'est, paraît-il, une des ritournelles de leur répertoire les plus appréciées par leur séquelle.

Ouvrez, après avoir pris certaines précautions antiseptiques, la feuille dans laquelle ils exhalent leurs injures et leurs calomnies, vous y verrez que tout Missionnaire qui se permet de cultiver son jardin, de se créer quelques ressources par la culture ou l'élevage domestique, dans le but de subvenir à son entretien personnel ou à celui des écoles, fait preuve d'*esprit mercantile*.

Pour le *Radical* (et quelques témoins de l'enquête de Wagap), un Missionnaire qui fait tuer sur sa propriété un animal comme approvisionnement de viande, est un *boucher*, celui qui a un four pour cuire sa provision de pain est un *boulanger*, celui qui comme propriétaire cherche à faire confectionner ses outils et ses meubles ou à utiliser ses récoltes et ses produits, un *fabricant, un industriel.*

Jusqu'à ce jour on entendait dire, même en Calédonie, que le Missionnaire, en donnant l'exemple du travail aux indigènes, en les formant aux métiers les plus usuels, en demandant à l'agriculture comme à l'élevage des ressources qui lui permettent de pourvoir à son entretien et à celui de ses œuvres, des écoles spécialement, faisait œuvre louable et utile.

Cela était souvent dit en termes fort élogieux pour les Missionnaires de la Calédonie comme pour ceux des autres Missions, par les hommes les plus autorisés, qui, je tiens à le signaler en passant, les rapports officiels sont là pour en faire foi, ont rendu un hommage empressé à la Mission, et hautement reconnu les services rendus par elle à la colonie.

Eh bien! non, il a surgi, en 1897, à Nouméa, une ligue de soi-disant républicains-radicaux, qui ne veut voir dans le dévouement et le zèle du Missionnaire que l'*esprit de mercantilisme et d'accaparement.* Fi donc!

Heureusement que des hommes d'une autre taille que ceux-là ont, par leur ascendant et leur valeur personnelle, le droit de former l'opinion et d'écrire l'histoire, et l'histoire de la Calédonie rendra hommage à ses Missionnaires en ce point, comme l'histoire de S. E. le cardinal Lavigerie rend hommage à la Mission africaine : permettez-moi de citer le passage, il appartient tout entier à mon sujet.

« L'année même de son arrivée en Algérie, le cardinal prit occasion de ce qu'il avait été appelé à bénir à la Mission des charrues à vapeur, pour exprimer ses sentiments sur l'utilité des travaux agricoles..

« Il prêcha si bien d'exemple, qu'un jour on l'appela au conseil du Gouvernement le *premier colon d'Algérie.*

« Il fut fier de ce titre et il s'appliqua à le mériter. Tous ses établissements religieux en Algérie comme en Tunisie ont été fondés matériellement sur l'agriculture. A Maison-Carrée, à Kouba, dans la plaine du Chéliff, à Carthage, il a acheté des terres incultes, de la *broussaille* comme on dit là-bas, et il les a fait transformer par ses religieux, par ses orphelins, par des ouvriers à gages, en champs des plus productifs, en jardins de primeurs, en vignes excellentes. Il a créé des vins qui sont devenus célèbres. Les cépages de raisin muscat qu'il a fait choisir en Espagne ont donné le délicieux vin de dessert qui est maintenant si recherché, sous le nom de *vin de Carthage* et qui a obtenu un grand prix à l'Exposition universelle de 1889.

« Le même principe doit être suivi dans les Missions. On manque de tout, dans les pays barbares, mais on y a la terre presque pour rien. Qu'on y crée donc des établissements agricoles. Que les Missionnaires et leurs néophytes fassent sortir du sol leur nourriture. Qu'ils y puisent les ressources nécessaires à l'aumône et à la fondation des églises, des asiles, des écoles.

« C'est ce que le cardinal Lavigerie fait pratiquer à ses Pères-Blancs, c'est ce qu'il a conseillé à tous les Missionnaires dans une lettre aux Comités Directeurs de la Propagation de la Foi. Il y rappelle les exemples des anciens moines. « En paraissant, dit-il, exposer une pensée nouvelle, je ne fais que rappeler ce qui a existé durant des siècles et a fait le monde chrétien. »

(*Les Missionnaires de la Nouvelle-Calédonie. — Leurs propriétés et leur prétendu négoce*, p. 14 et 19.)

4° LES MISSIONNAIRES ONT CRÉÉ L'AGITATION.

Quelques témoins ont encore accusé les Missionnaires d'avoir créé l'agitation, parce qu'ils l'ont annoncée, disent-ils, avant qu'elle ait eu lieu, et qu'ils ont prédit une insurrection...

Cette ridicule assertion ne tient pas debout à la première lecture du dossier.

Le premier témoin en effet qui rapporte cette annonce d'insurrection est M. Peccard, en la plaçant sur le compte de M. Letocart :

« M. Letocart vous dira, comme il me l'a dit, qu'il a reçu la visite d'un Père venant l'avertir qu'il pourrait y avoir une révolte dans les environs. Tout est tranquille, excepté dans la région d'Ina à Touho, région soumise à l'influence de la Mission. »

Si l'on consulte maintenant la déposition de M. Letocart, on constate qu'il renvoie la balle à M. Sadoux :

Je n'ai entendu parler de l'insurrection que par M. Sadoux, lorsqu'il m'a raconté la visite que le Père Berne lui avait faite.....

M. Peccard a confondu évidemment la visite qui a été faite à Sadoux avec celle qu'il attribuait au Père Berne, comme m'ayant été faite à moi.

Or, M. Sadoux dépose : « *Je n'ai nullement entendu parler d'insurrection jusqu'à présent.* »

Nous laissons après cela au public le soin d'apprécier le sérieux de l'accusation.

On doit faire le même cas de la déposition de Boisson,

quand il vient nous dire que quelques jours avant l'affaire, un Père est venu annoncer dans la vallée d'Amoa que les Canaques de Ti-Waka et de Wagap étaient descendus avec des sagaies et des casse-tête. Jamais ces indigènes, durant toute l'agitation, n'ont été armés, si ce n'est quelques enfants qui ont pu tenir à la main de petites sagaies de jeu, dont la vue ne pouvait effrayer. M. le Chef des affaires indigènes Fawtier en fut cependant ému, dit-on, quand il les aperçut à Wagap; mais M. Fortin, directeur de l'artillerie, le rassura vite en lui expliquant l'usage de ces inoffensives sagaies.

5° LES MISSIONNAIRES NE FAVORISENT PAS LES TRAVAUX DES INDIGÈNES CHEZ LES COLONS.

On a souvent reproché, durant l'enquête, aux catholiques, de montrer de la mauvaise volonté, quand il s'agit de travailler pour les colons ou pour le gouvernement.

En ce qui regarde le premier chef d'accusation, nous affirmons que les indigènes catholiques, quand d'ailleurs leurs travaux de culture leur en donnent le loisir, ne refusent jamais d'aller travailler chez les colons qui les traitent convenablement. Et s'ils refusent parfois de se rendre chez les colons qui les exploitent, qui les traitent presque en esclaves, qui ne les paient qu'en figues de tabac, quel homme sensé les en blâmerait?

Quant à ce qui concerne le travail commandé par le Gouvernement, nous dirons qu'ils se sont toujours exécutés. Si parfois ils l'ont fait avec mauvaise humeur, cela ne viendrait-il pas de ce que jamais ils ne savent quand leur travail sera payé et, de plus, de ce que le prix leur paraît vraiment trop dérisoire?

A ce propos, nous relèverons le passage suivant de la déposition de M. Peccard :

Le chef Silvery de Tié est celui qui a montré le plus de mauvaise volonté. Il y a un an environ, *il a enlevé la pirogue de passage* et l'a emmenée chez lui. D'autres fois, j'ai été obligé de le menacer devant les Missionnaires, de porter plainte contre lui, pour divers méfaits, entre autres pour la détérioration des poteaux kilométriques. Ceux placés près de la Mission ont été abîmés à coups de hache. »

Puisque M. Peccard nous y invite, nous allons raconter l'histoire de cette pirogue, enlevée par Silvery. Cette histoire démontre à l'évidence, non la mauvaise volonté de ce chef, mais la manière dont on traite les indigènes.

Il y a déjà longtemps, la pirogue de la rivière d'Amoa était complètement avariée et hors d'usage. Un gendarme de Touho passa un jour par Tié et dit au chef : « Fais faire de suite une pirogue pour assurer le service ; si tu en fais une grande, je te donnerai 100 francs ; si tu en fais une petite, ce sera 50. »

Le chef se met au travail. La pirogue terminée, il se rend à Touho auprès du gendarme pour recevoir son argent, le gendarme lui répond : « Tu reviendras une autre fois, le courrier ne m'a pas apporté d'argent. »

Quelques semaines plus tard, Silvery va de nouveau à Touho et le gendarme lui dit : « Tu demanderas cet argent à M. Peccard, c'est son affaire. »

Notre indigène revient donc à son village, et attend le passage du piqueur. M. Peccard vient enfin dans ces parages ; il y avait près d'un an que la pirogue fonctionnait. Silvery demande ce qui lui est dû.

Le piqueur lui répond : « Ce n'est pas mon affaire.

« Je suis chargé de payer non les pirogues, mais ceux qui font le service. »

Sur ce, le chef peu satisfait, on le comprend, et *constatant la mauvaise volonté de l'administration*, reprend sa pirogue...

Où est le crime ?...

Quant aux bornes kilométriques détériorées, il s'agit de deux vulgaires bouts de niaoulis tout bruts, qui ont reçu quelques coups de hachette d'un enfant ou d'un passant quelconque. Et ces quatre ou cinq entailles méritent de devenir l'objet d'une déposition !...

Et de là on infère la mauvaise volonté d'un chef? Est-ce sérieux?...

Eh bien! voilà comme on traite les indigènes! D'une part ce sont des gens taillables et corvéables à merci, qui loin d'avoir le droit de réclamer contre toutes les injustices dont ils sont les victimes, doivent au contraire se regarder comme trop honorés de travailler pour l'Administration, leur haute tutrice.

C'est toujours l'histoire de la fable :

> « Vous leur fîtes, Seigneur,
> En les croquant, beaucoup d'honneur. »

D'autre part, à la moindre peccadille, ils sont dignes de toutes les peines : amende, prison, exil.

L'enquête de Wagap a eu au moins l'appréciable avantage de faire connaître au public cet état de choses, en révélant l'insouciance de l'Administration à l'égard des indigènes, les mesures arbitraires que l'on prend contre eux et aussi la manière parfois brutale dont ils sont traités par certains fonctionnaires, agents ou sous-agents.

*
* *

Si maintenant un esprit sérieux et non prévenu, après la réponse que nous venons de produire aux diverses accusations formulées dans le dossier contre la Mission se reporte à ce dossier et l'examine attentivement, qu'y trouvera-t-il encore? Une seule chose, que l'on pourrait inscrire au bas de presque toutes les pages, comme en résumant l'esprit : *le parti pris arrêté de ne négliger aucun moyen de compromettre administrativement la Mission, dans le but voulu de produire une pièce administrative destinée à servir d'arme contre elle, soit devant le public, soit devant l'administration supérieure.*

Aussi, nous ne savons comment qualifier l'attitude de M. le Rapporteur, quand il vient nous déclarer « *qu'il est contraire à la vérité* » que l'enquête ait été dirigée contre les Pères, qu'elle n'a eu qu'un but : *examiner les actes de M. de Sainte-Marie.* (Dossier, p. 7.)

Une dernière remarque achèvera de montrer combien cette déclaration est peu conforme à la réalité des faits.

La Commission a poussé ses investigations jusqu'à Oubatche et Pouébo, c'est-à-dire à **120** ou **130** kilomètres de Wagap. Il est bien clair qu'elle n'aurait point entrepris ce long et fatigant voyage si sa mission eût été seulement d'enquérir sur les faits survenus à Wagap, à plus forte raison sur ceux de Tiéti ou Ina, c'est-à-dire à **10** ou **20** kilomètres encore plus en arrière.

Pourquoi, en vérité, aller chercher des témoignages à une pareille distance, alors qu'on négligeait — pour ne pas dire refusait — celui d'un honorable colon demeurant tout près de Wagap, sous le prétexte que, *puisqu'il n'avait rien vu, il ne savait rien?...* Pouvait-on mieux voir et savoir à **130** kilomètres de là?... Pourquoi encore ne point enquêter à Hienghène qui se trouve à mi-chemin?... Savait-on d'avance qu'à Hienghène on ne trouverait point de témoignages *contre les Missionnaires,* — qu'au contraire on en trouverait en *leur faveur,* — bien que l'impôt de capitation n'y fût alors rentré que dans une proportion minime?... Savait-on d'avance, d'autre part, qu'à Oubatche et à Pouébo certains témoins viendraient *spontanément* déposer contre eux, et pour des faits dont la connexité avec ceux de Wagap échappe à l'œil le plus pénétrant?...

La Commission fut donc conduite à Oubatche par M. de Sainte-Marie.

Quelques semaines auparavant, cet administrateur s'y était déjà rendu lui-même et avait donné *une réquisition* au maréchal des logis Dupriez pour faire une enquête sur un sermon prononcé par le R. P. Ameline et dans lequel ce Père aurait déclaré que le Gouvernement de M. Feillet était un gouvernement de persécution,... Qu'il ne fallait pas obéir au chef Jérémie, etc...

L'enquête fut faite. Le R. P. Ameline n'eut pas de peine à démontrer l'inanité des accusations.

Mais il fallait pouvoir faire connaître ces accusations au public, et, pour cela, il était nécessaire que la Commission se rendît sur les lieux et informât elle-même.

Elle y est allée en effet. Elle a enquêté sur ces prétendus griefs, dont M. de Sainte-Marie l'avait entretenue. Elle a entendu deux fonctionnaires et le chef Jérémie, l'accusateur des Pères, et, dans son rapport, elle a pu étendre jusqu'au Nord les agissements des Missionnaires :

« Les Missionnaires de Touho et de Pouébo n'ont pas à beaucoup près agi avec la même ardeur, ou bien leurs indigènes se sont montrés plus difficiles à entraîner. Ils ont cependant travaillé dans le même sens. »

N'aurions-nous d'autres preuves des intentions qu'avait la Commission d'enquête d'opérer contre les Missionnaires, nous serions encore en droit de les affirmer. Mais, comme nous l'avons démontré, le dossier tout entier en est une preuve indéniable : le plan était tracé d'avance, il a été accompli avec un zèle outré.

*
* *

Nous avons achevé la discussion des dépositions. Nous avons réduit à néant — et notre tâche a été facile — toutes les accusations à la charge des Missionnaires. Il n'en reste qu'une seule qui constitue tout le crime des Pères de la région de Wagap : le fait d'avoir conseillé aux indigènes, au moment où ils étaient sous l'impression angoissante d'une prochaine fusillade, l'envoi d'un télégramme pour demander la protection de la justice française ; — et cet autre, plus grave encore aux yeux de M. Feillet, d'avoir fait adresser le télégramme au chef de la justice, au lieu de le faire adresser à M. le Gouverneur lui-même, selon les usages administratifs, en vigueur dans la colonie.

Voilà le crime! Les Missionnaires l'ont déposé eux-mêmes, M. le Rapporteur l'a longuement exposé, M. Feillet l'a largement escompté et en a tiré la conclusion que les Pères s'étaient immiscés et avaient porté le trouble dans les affaires canaques... Et de là, il a demandé contre eux une répression administrative.

Si un colon quelconque, ou tout autre personne, non revêtue d'une soutane, eût agi de la même manière que les Missionnaires, on l'eût regardé comme un homme de cœur, on l'eût félicité d'avoir averti l'Administration de la situation pénible créée, par les paroles imprudentes d'un gendarme, dans les tribus, et, certes, M. le Gouverneur n'eût jamais songé à enquêter contre lui et à le condamner.

Parce que cet homme était un missionnaire, et que l'occasion était favorable de mettre en cause ces *ennemis de la colonisation,* M. Feillet nomme une Commission, avec tout pouvoir d'investigation.

Cette Commission opère durant 15 jours, et produit un fulminant Rapport qui, par de trop habiles déductions, tire de ce fait, louable en soi, d'avoir conseillé à des indigènes apeurés le recours à la justice, la conclusion que la Mission tout entière est coupable d'avoir créé l'agitation des tribus, et demande des mesures effectives *contre le Chef de la Mission* et ses subordonnés.

Il a fallu, croyons-nous, toute l'habileté de M. le Rapporteur, pour déduire d'un fait aussi simple de si graves conclusions. Mais parce qu'il a voulu être trop habile, il n'a pas réussi à tromper l'opinion. La pièce, après l'examen que nous avons fait subir aux dépositions qui en sont les fondements, s'écroule d'elle-même.

Afin cependant d'en montrer davantage *les mielleuses hypocrisies,* nous allons la disséquer alinéa par alinéa, et, comme nous l'avons déjà annoncé dans notre avant-propos, « ce qu'il en restera debout comme un argument valable et comme logique ne sera ni gros, ni compromettant pour l'honneur de la Mission ».

III

INFORMATIONS COMPLÉMENTAIRES.

Avant-hier, 27 février, nous avons reçu par le courrier de la Côte Est des informations complémentaires tout à fait précises sur certains faits que nous avions dû traiter d'une manière générale. Ces informations viennent d'ailleurs toutes confirmer notre argumentation et nos conclusions.

Nous n'avons pas l'intention de publier — du moins pour le moment — tous ces renseignements. Ce que nous avons dit, nous le répétons, suffit pour donner à nos lecteurs une juste idée des accusations formulées contre les Missionnaires.

Il s'est produit toutefois, depuis l'enquête, certaines révélations tellement importantes que nous serions tenté de les faire connaître, dès aujourd'hui. Nous n'en ferons rien, bien que nous tenions d'ores et déjà ces révélations comme dignes de foi. Nous nous réservons de les publier plus tard, si nous le jugeons à propos, quand nous aurons de ces faits très graves une attestation indéniable basée sur un document revêtu de tous les caractères possibles d'authenticité et de véracité.

La déclaration que nous avons reçue revêt en effet un caractère tellement sérieux et les conséquences qui en résultent ont une telle portée qu'elles tendraient à infirmer sans exception toutes les dépositions faites par interprète.

En vérité, devant cette déclaration circonstanciée, claire, précise, formulée en présence de plusieurs électeurs, nous nous trouvons dans une pénible anxiété. Nous ne pouvons en tirer, pour le moment, que la conclusion suivante : l'interprète accepté ou choisi par MM. les Enquêteurs n'était pas à la hauteur de sa tâche, sans doute par son peu de connaissance de la langue indigène... ou pour une autre raison qui nous échappe.

Voilà pour les dépositions mises dans la bouche des indigènes ignorant le français.

Quant à certaines dépositions de certains colons, particulièrement celles qui tendent à présenter les Missionnaires sous un jour spécialement odieux, et à faire une impression fâcheuse sur le public, nous pouvons dire qu'elles reçoivent le démenti le plus formel.

Relevons quelques points saillants.

Le colon D..., de Poindimié, a bien fait de tenir caché le nom de la personne qui lui a parlé de 200 porcs tirés de la vallée d'Amoa. Il aurait exposé cette personne aux risées dont il est lui-même l'objet pour cette parole irréfléchie.

Les 200 se réduisent à 4 et pour 3 ans. On le met au défi de prouver le contraire. Sans doute, le Père se procure sur place, autant que possible, les animaux nécessaires à l'alimentation de ses ouvriers, mais la plus grande partie est tirée de sa basse-cour.

Le Père Chalandon oppose au brigadier Bernard, qui a rapporté légèrement un propos de l'ex-gendarme Millot d'Ina, une dénégation absolue. Ce militaire n'a pas craint de déposer que « *les Pères avaient profité du besoin pressant d'argent des Canaques pour les exploiter* ». Et pour prouver son odieuse accusation, il cite légèrement le propos de son ex-collègue, disant que le Père Chalandon avait acheté 45 francs deux animaux qui en valaient le double. Or le Père répond : « Ou ce Monsieur a vu, ou il n'a pas vu. S'il n'a pas vu (c'est probable) il parle en brouillon. S'il a vu, il altère sciemment la vérité. » Et le Père prouve péremptoirement sa conclusion. Il nous semble inutile de le suivre dans ses développements, nous les donnerons plus tard si c'est nécessaire.

Nous avons reçu de très longs renseignements sur le colon cosmopolite B... qui se plaint d'avoir été traité de *païen* par le Père. Mais passons, bien que ces renseignements jettent un jour complet sur la déposition incohérente de cet homme.

On sait dans la région ce qu'il faut en penser.

Du colon G... d'Ina nous dirons seulement qu'il a bien tort de se plaindre des indigènes de la tribu. On pourrait retourner la proposition et ce serait alors la vérité. Ces malheureux attendent, paraît-il, depuis trois ans, le paiement de l'immense toiture de la maison de ce colon, et de plusieurs autres travaux. En parlant de G..., un colon nouveau-venu disait dernièrement : « Je vous avoue que je n'ai pas été peu surpris, lorsque je suis arrivé en Calédonie, en voyant comment ce Monsieur traitait les indigènes. Ils ont beau être noirs, ce sont des hommes et on doit les traiter comme tels. »

Le jeune colon de Tipopoindou a commis une erreur en faisant dire au P. Chalandon : « l'impôt de capitation est une mesure inique, injuste ». Le Père n'a point parlé du principe de la capitation, mais il a blâmé les procédés arbitraires et grossiers de M. de Sainte-Marie.

Nous nous arrêtons là. Si les circonstances le demandent, nous utiliserons les détails nombreux et précis qui sont en notre possession, et nous certifions que ce ne sera pas à l'honneur des accusateurs de la Mission.

Le Rapport.

L'article Ier de l'arrêté du **18 novembre 1899**, nommant la Commission d'enquête, se terminait par cette phrase : « Elle (la Commission) dressera du tout un rapport motivé, qui sera adressé au Gouverneur. »

Fidèle à sa mission, la Commission, par la plume de son Président, M. Leconte, après avoir recueilli, de la manière que l'on sait, les dépositions que nous venons d'analyser, rédigea le Rapport suivant, dont nous allons donner le texte complet, en le faisant suivre des commentaires qu'il comporte.

RAPPORT

SUR LES OPÉRATIONS DE LA COMMISSION D'ENQUÊTE
NOMMÉE PAR UN ARRÊTÉ DU 18 NOVEMBRE 1899

Monsieur le Gouverneur,

La Commission d'enquête, nommée par arrêté du 18 novembre 1899, s'est réunie pour la première fois à Tiéti, le 23 novembre 1899, et a clos ses opérations, le 5 décembre 1899, à Oubatche. L'enquête à laquelle elle s'est livrée forme un dossier contenant 88 dépositions.

Nous savons que penser de ces 88 dépositions. Après avoir défalqué les fonctionnaires, les femmes, les colons, qui ont manifestement subi l'influence de M. de Sainte-Marie, l'accusé, il nous reste quatre dépositions d'Européens, à la charge des Missionnaires. Et ces quatre dépositions ne contiennent que des allégations malveillantes, sans preuves sérieuses, de véritables déclamations.

Elle a cru ne devoir négliger aucun témoignage,

à charge. La protestation de l'honorable M. Proust nous permet aujourd'hui de l'affirmer et d'ajouter qu'elle a négligé au moins un témoin à décharge, pour la seule raison qu'il n'avait pas signé la pétition contre les Missionnaires.

et a recueilli sur place, dans toute la région qu'elle a parcourue, les déclarations qui lui ont été faites *spontanément* comme celle des personnes qu'elle a dû faire appeler.

Nous devons faire remarquer que, d'après la déclaration de M. le Président lui-même (dossier, p. 22, col. 1) la commission n'a convoqué que deux colons : MM. Daguet et Gerbet. Pourquoi ceux-là? Nous ne voyons pas que leurs dépositions contiennent quoi que ce soit relatif aux affaires de Wagap. M. de Sainte-Marie, il est vrai, en les signalant à l'attention des enquêteurs, savait qu'il trouverait en eux deux défenseurs. Et cette raison seule peut expliquer leur convocation.

La Commission n'a donc appelé que deux témoins. Elle a pensé, à juste titre, qu'il était inutile d'envoyer de plus nombreuses convocations. M. de Sainte-Marie avait déjà fait le travail — durant les trois jours qui ont précédé l'arrivée de la Commission — en rabattant le plus de témoins possibles depuis Bayes, même Ponérihouen, jusqu'au fond de la vallée d'Amoa, et avait préparé l'opinion en faisant signer, par l'intermédiaire de M. Poincheval, la pétition visant les Missionnaires.

Voilà combien *spontanées* ont été les dépositions à charge, reçues par la Commission.

Missionnaires, fonctionnaires, gendarmes, colons et indigènes ont été entendus, et dans toutes ces opérations elle a, avec une impartialité absolue, été conduite par le seul désir de faire la lumière la plus complète sur les causes auxquelles doit être attribuée l'agitation constatée dans les populations indigènes de la côte Est.

M. le Rapporteur croit utile de faire, dès le début de sa pièce, une déclaration d'impartialité. Il la renouvellera à trois autres reprises, afin que nul n'en ignore.

Il affirme ensuite que le *seul désir* de la Commission a été de faire la lumière sur les causes de l'agitation. Il eût été plus juste de dire que le seul désir de la Commission était de trouver des faits prouvant l'influence occulte de la Mission, cause prétendue de l'agitation...

Comme nous l'avons démontré dans tout le cours de cette défense, en apportant des preuves palpables, le parti pris était bien arrêté de compromettre la Mission, et de montrer en pleine lumière le rôle de ceux qui, dans l'idée de M. le Gouverneur, sont censés inspirer et documenter d'ici le comité de défense des indigènes, dont les observations avaient obtenu la déclaration ministérielle de l'illégalité de l'impôt de capitation. (Voir *Avant-propos*.)

Cette agitation, dont l'existence est incontestable, a cependant été exagérée dans l'opinion publique du chef-lieu, émue par les télégrammes alarmants publiés par la *France Australe*, mais nous avons pu, par nous-mêmes, nous rendre compte de sa réalité. Elle s'est res-

treinte uniquement à trois centres, qui sont les vallées d'Ina et d'Amoa, celle de la Tiwaka, celle de Touho ; mais elle n'a revêtu un caractère de gravité que dans les trois tribus des chefs Robert, Kela et Silveri, situées entre les missions de Saint-Léonard et de Tiéti, et s'est particulièrement accentuée sur un territoire appartenant aux R. P. Maristes, à Wagap.

D'abord, il n'est pas exact qu'il y ait eu agitation dans la vallée de Touho. Rien dans le dossier ne permet de l'affirmer. Et celle qui a régné dans les vallées d'Ina et de Wagap n'a pas revêtu le caractère de gravité dont parle le Rapport.

Les indigènes ne pouvant payer leur capitation ne pensaient pas que ce fût là un crime qui méritât, pour leurs chefs, la prison, et ils n'ont pas voulu les livrer aux gendarmes.

Voilà toute leur faute !

Nous tenons à faire remarquer la malignité cachée dans la fin de cet alinéa, quand M. le Rapporteur déclare que l'agitation s'est accentuée *sur un terrain appartenant aux R. P. Maristes, à Wagap.*

De fait, cette tribu habite depuis longtemps sur le territoire de la Mission, mais elle n'en est pas pour cela tributaire. Elle garde toute son indépendance. Et si elle commet une faute, cette faute ne peut être imputée, comme le laisse supposer la phrase du Rapport, aux propriétaires du terrain.

Dans les tribus des chefs, François, Téin et Livino, qui commandent à la région d'Amoa et d'Ina, le caractère inoffensif des manifestations qui ont eu lieu démontre jusqu'à l'évidence que l'idée de résistance à l'autorité n'est jamais entrée dans l'esprit de la population indigène.

Il n'y a eu, en ces tribus, aucune manifestation, ni offensive, ni inoffensive. Et cependant M. de Sainte-Marie, par ses brutalités, ses agissements très imprudents ne leur en avait-il pas donné l'occasion?...

Dans les tribus d'Hippolyte, de Daniel et de Marcelli, aucune tentative sérieuse de désobéissance n'a été relevée, malgré de sourdes menées difficiles à constater, mais que l'on devine aisément.

Ces tribus de Touho, comme celles d'Ina et Tiéti, sont restées dans le plus grand calme. Elles ont bien déclaré qu'elles ne pouvaient payer immédiatement leur impôt, mais elles ont ajouté qu'elles allaient faire du coprah dans ce but.

Les « sourdes menées » dont parle le Rapport visent le R. P. Vincent que l'on a accusé d'avoir fait donner le conseil de ne pas payer l'impôt de capitation. Nous avons précédemment prouvé la fausseté de cette accusation. Le R. P. Vincent non seulement n'a pas conseillé la désobéissance, mais a dit aux indigènes de payer la capitation, s'ils le pouvaient.

Hippolyte, grand chef de Touho, qui parle correctement le français, l'a déclaré formellement, dans sa déposition :

D. — Qu'avez-vous à dire à propos de l'agitation actuelle?

R. — Le P. Vincent, missionnaire à Touho, nous a exhortés à l'église à payer l'impôt de capitation.

De plus, le Père, ayant besoin de cocos, pour l'entretien de sa basse-cour, a dit aux deux indigènes de lui en apporter; il leur donnerait de l'argent en échange, pour leur permettre de verser leur quote-part de capitation. Il les leur a payés plus cher que ne le font les colons. (Dossier, p. 45.)

Sont-ce là de sourdes menées? Il faut une puissante imagination pour les deviner.

C'est seulement à Wagap que la fermentation des esprits est réelle, que l'autorité a été mise en échec dans la personne de ses représentants et que les indigènes ont pris à notre égard une attitude passivement, mais franchement hostile.

La vérité est que dans toutes les tribus ou M. de Sainte-Marie a passé, depuis Houaïlou jusqu'à Touho, l'agitation des esprits a été réelle.

A Wagap, cette agitation a pris le caractère particulier

d'une résistance passive, dans le sens que nous avons expliqué. Les indigènes étaient au courant des violences exercées par M. de Sainte-Marie sur les chefs de la côte. Ils n'ont pas voulu que les leurs fussent ainsi traités, d'autant qu'ils ne pouvaient comprendre que l'impossibilité de payer la capitation constituât un délit passible de prison. Et ils ne les ont pas livrés. En sorte que l'autorité seule — d'autre part bien compromise — de M. de Sainte-Marie, a été mise en échec, et non l'autorité supérieure à laquelle les indigènes étaient disposés à se soumettre.

A l'égard de la Commission d'enquête, ils n'ont nullement pris une attitude hostile. Cette Commission d'ailleurs n'a pu apporter aucun fait prouvant cette attitude.

Personne ne songe, personne ne songera à nier l'existence de cet état de choses, et c'est seulement sur ses origines et sur ses causes que la discussion pourra être ouverte. Nous sommes fondés à croire que cette agitation est purement factice, qu'elle a été créée et entretenue dans un but parfaitement déterminé, et que l'enquête à laquelle nous avons donné nos soins peut aisément permettre de remonter à ses sources et de faire connaître les responsabilités en jeu. Nous nous sommes formé, librement et abstraction faite de tous préjugés, une opinion sur ce sujet, et les conclusions de ce rapport résumeront cette opinion en toute impartialité.

Cet alinéa contient l'énoncé de la thèse que M. le Rapporteur va s'efforcer de démontrer. La résistance à la perception de l'impôt de capitation a été, selon lui, *créée et entretenue par les Missionnaires de la région de Wagap, dans le but déterminé de peser sur les intentions du Gouvernement de la République, pour obtenir le déplacement de M. Feillet.*

Certes, voilà un grand projet prêté aux Pères de Tié et de Saint-Léonard ! Ils étaient loin, croyons-nous, de s'en douter, quand, apprenant les menaces de fusillade faites par le gendarme Lamadon, ils conseillèrent aux indigènes effrayés le recours au chef de la justice et dictèrent le fameux télégramme qui constitue tout leur crime.

Nous allons voir par quelle suite de déductions M. le Rapporteur, manquant de preuves pour asseoir sa thèse, sera obligé de passer pour arriver à ses conclusions. Il sent, lui-même, qu'elles vont dépasser les prémisses, et provoquer peut-être une certaine incrédulité dans la majorité de la population calédonienne, qui a foi dans le patriotisme connu et dans le dévouement de ses Missionnaires. Aussi avec un air tout contrit, auquel on pourrait se laisser prendre — si déjà nous n'avions fait connaître les dispositions d'esprit dont MM. les Enquêteurs étaient animés à l'égard de la Mission, au moment où ils ont entrepris leur voyage — vient-il nous dire :

Mais ces conclusions, que nous ne sommes arrivés à formuler que malgré nous, et non sans regrets dans nos convictions intimes, non sans révolte contre des sentiments acquis, seraient de nature à étonner et à provoquer l'incrédulité, si, malheureusement, elles n'étaient appuyées sur des faits. Ces faits sont contenus dans les procès-verbaux de l'enquête. Nous tenons ici à les résumer brièvement, avec méthode et clarté.

Nous allons examiner avec lui les faits en question et constater qu'il n'en est aucun à la charge des Missionnaires, si ce n'est l'envoi du fameux télégramme au Procureur général, télégramme qui était de nature non pas à créer ou à entretenir l'agitation, mais à la calmer et à arrêter l'effusion possible du sang.

RÉSUMÉ DES FAITS

L'agitation des tribus de la côte Est doit être attribuée à deux causes (*dans le plan arrêté d'avance de la Commission*) : dont l'une est apparente et dont l'autre est occulte.

Nous devons en étudier successivement les éléments.

La cause apparente de ce mouvement, celle qui a été mise en avant, la seule dont le public ait été saisi par les télégrammes et les articles publiés dans la *France Australe*, réside dans les actes arbitraires, les

violences et les brutalités de langage mis à la charge de M. l'Administrateur de Sainte-Marie.

Il ne pouvait être question d'une autre cause, puisque
celle-ci est la seule vraie. Et certes, elle est assez forte
pour tout expliquer. Quatorze chefs emprisonnés, frappés
d'amendes, menacés de l'île des Pins; quelques-uns grossièrement insultés, un autre frappé de deux coups de pied
et envoyé en prison malgré la dysenterie dont il était atteint : n'y a-t-il pas là une raison suffisante pour produire
l'agitation des tribus? Si nous rappelons les griefs des
gens de Wagap contre l'Administration : travaux de routes
non payés, passeurs de bac non soldés, menaces conti-
nuelles faites par l'agent Peccard et le libéré cantonnier
Bonguet, l'enlèvement de l'îlot de l'embouchure de la
Ti-Waka par M. Chiquet, point n'est besoin ensuite de rechercher une cause occulte à l'agitation; la cause visible,
réelle, énoncée dans le précédent alinéa du Rapport,
donne la raison de tous les événements qui sont survenus.

Le but de cette enquête administrative était uniquement d'examiner
sur place ces actes et de savoir quelle était la part de vérité contenue
dans les griefs des indigènes à l'égard de ce fonctionnaire.

La Commission a donc manifestement et de parti pris
outrepassé son but. Dès les premières dépositions des témoins, avant même qu'elle eût eu le temps de se faire
une opinion sur la question, nous la voyons préoccupée
— nous pourrions dire uniquement — de découvrir des
faits ou des paroles qui puissent compromettre les Missionnaires, et, partant, dégager la responsabilité de M. de
Sainte-Marie : telles les questions posées à MM. Daguet,
Darmagnac, Bernard, etc...

Si l'enquête était *uniquement* chargée d'examiner les
faits reprochés à l'administrateur et consignés dans les
télégrammes des indigènes, pourquoi s'est-elle transportée
à Touho, dont il n'était nullement question? Pourquoi a-t-
elle informé à Pouébo et Oubatche, situés à 140 kil. de

Wagap? Il est évident que MM. les Enquêteurs ont trans
formé les Missionnaires de témoins en accusés, sans les
entendre sur les principaux griefs allégués contre eux :
telle la parole attribuée au **R. P. Berne**, dans le sermon
de Tié, parole sur laquelle M. le Rapporteur, comme nous
le verrons, échafaude une partie de sa thèse.

Deux télégrammes avaient été envoyés au Procureur de la République. Ils étaient ainsi conçus :

1° « Procureur République, Nouméa. — Mon père chef Ina en
prison Ponérihouen parce que impossible payer toute capitation vieux
et malade je vous demande le faire sortir, a point fait de mal. Avons
donné tout ce que nous avions. — Paul OUNINE. »

2° « Procureur République, Nouméa. — Administrateur a frappé
mon père chef de Tiéti parce que point d'argent pour capitation et l'a
mis en prison je vous demande secours et justice. — Antoine KELA ».

Ils étaient signés par les fils des chefs François de Tiéti, et Livino
d'Ina.

Un 3ᵉ télégramme avait été adressé au chef de la justice, ainsi
conçu :

« Nou tou les indigènes chrétien et païen de Tihoa Poimbee Wagap
Tié avon refuser livrer nos chefs ce matin aux gendarmes venir pour
les prendre parce que point argent pour capitation gendarmes disent
soldat viendront pour nous flingoter nou pensons sa signifie fusiller
demandon protection à justice française somme bon et tranquiles. »

Il était signé par Livino, fils du chef Robert de Wagap, et confirmé
en partie par un télégramme de la gendarmerie de Touho.

Tels sont les trois télégrammes dont l'envoi a été conseillé par les Missionnaires, qui croyaient ainsi mettre un
terme à l'agitation existante, en avertissant l'autorité de
ce qui se passait dans les tribus. Et on leur en a fait un
crime! Dans l'audience du **26 décembre** dont le procès-
verbal a été publié, M. Feillet n'a pu imputer autre chose
au **R. P. Berne** que le conseil de ces télégrammes.... De la
lecture du dossier il ne ressort nul autre fait avéré, prouvé,
à l'actif des Missionnaires.

Y a-t-il en cela matière à condamnation?... Ne semble-t-il pas plutôt qu'un tel acte était digne de récompense?

Nous avons soigneusement examiné les faits reprochés à M. de Sainte-Marie. Dégagés de toutes les circonstances parasites dont ils étaient environnés, ramenés à l'expression de la vérité, ils se réduisent à peu de chose et par eux-mêmes ne présentent aucun caractère de gravité.

L'emprisonnement de 14 chefs, dont l'un, atteint de dysenterie, n'est-ce pas là une chose grave en elle-même? Et quelle a été la raison de cet emprisonnement? L'impossibilité de payer un impôt illégal.

Nous n'entendons pas examiner en vertu de quels pouvoirs M. l'Administrateur de Sainte-Marie a cru devoir prononcer des punitions de prison et d'amende à l'égard de certains chefs. Il a agi dans la limite de ces pouvoirs, et ne relève sur ce point que de sa conscience et de ses chefs.

M. le Rapporteur sent très bien le défaut de la cuirasse. Il sait que M. de Sainte-Marie a agi, comme percepteur d'impôt, avec des pouvoirs illégaux, qu'il a été envoyé, par M. le Gouverneur Feillet, en mission *secrète et verbale,* contre tous les règlements administratifs. Il sait par conséquent que tous les actes accomplis avec cette mission illégale sont frappés eux-mêmes d'illégalité notoire. Il le sait et voilà pourquoi, voulant éviter une discussion de principes fort embarrassante, il élude la question. Elle n'en reste pas moins posée et personne encore n'a osé la contredire.

Ces pouvoirs, en somme, lui sont conférés par la législation en cours; il ne les a pas dépassés et nous n'avons relevé dans aucune de ses décisions aucun caractère arbitraire. Il s'en est expliqué devant nous et nous ne pouvons sur ce point que renvoyer aux termes de sa déposition.

Non seulement les punitions infligées par M. de Sainte-Marie ont été illégales, puisqu'elles ont été prononcées en vertu de pouvoirs non officiellement notifiés, mais encore *irrégulières,* comme le dossier en fait foi, au moins en ce qui regarde les punitions imposées aux chefs Robert, Silvéri et Kéla, puisque la réquisition de l'Administrateur, contrevenant en cela à l'arrêté du 9 août **1898**, articles **35** et **36**, ne portait pas le motif des punitions.

Quoi de plus arbitraire?...

Il n'en va pas de même des incorrections de langage et des voies de fait qui lui étaient attribuées et qui eussent, si elles étaient établies nettement (*or, elles le sont parfaitement*), pu constituer des manquements graves à ses devoirs, et des actes de nature à affaiblir chez les indigènes le sentiment du respect dû à l'autorité. Disons immédiatement que ces faits ne sont pas établis, sauf un seul, dont nous nous réservons l'examen. Aucune injure n'a été proférée par M. de Sainte-Marie à l'égard du chef François, non plus qu'à l'égard du chef Robert, et bien que, pour ce dernier acte, les indigènes *aient maintenu leur affirmation, nous déclarons ne pas les considérer comme établis,* étant donné les témoignages des *Européens* présents.

La première incorrection de langage reprochée à M. de Sainte-Marie vise François, chef de Tiéti. Ce chef, *qui avait beaucoup peur,* n'a pas osé dénoncer ces insultes dans sa déposition. A deux reprises différentes il déclare même, — du moins le procès-verbal en fait foi... — qu'il n'a pas été insulté. Il ne peut cependant s'empêcher de dire que M. de Sainte-Marie *s'est fâché* et lui a parlé d'un ton assez sec, à propos du planton de la poste... Or, M. de Sainte-Marie a-t-il pu se fâcher sans être grossier?

Quant à l'injure prononcée contre le chef Robert, dans l'entrevue qu'il eut avec l'administrateur chez M. Chiquet, elle est réelle. Durant cette entrevue M. de Sainte-Marie a traité le chef Robert de sale c... Les indigènes l'ont entendu et en ont déposé.

M. le Rapporteur allègue, à la décharge de M. de Sainte-Marie, le témoignage des *Européens* présents. Il faut lire des deux *métis :* M. et Mme Chiquet. Nous savons aujourd'hui ce qu'il faut penser de leur témoignage, en ce qui regarde M. l'Administrateur. Nous le considérons comme de nulle valeur.

En revanche, il n'est pas douteux, et M. de Sainte-Marie n'a pas fait de difficulté pour nous l'avouer, que cet administrateur ait donné un coup de pied au chef François de Tiéti. Mais cet acte, si répréhensible qu'il puisse paraître, n'a pas été commis par le fonctionnaire en cause dans l'exercice de ses fonctions, et n'a en rien pu nuire, comme on le prétend, au prestige du chef François vis-à-vis de ses sujets, ce prestige n'ayant jamais existé.

M. le Rapporteur ne peut, vu l'évidence, que reconnaître l'authenticité du coup de pied donné par M. de Sainte-Marie au chef François, mais passe vite, en excusant de son mieux l'Administrateur.

Ce fait pourtant semblait mériter une plus complète discussion, puisqu'il a été la première, sinon l'unique cause de la résistance passive opposée par les indigènes de Wagap aux ordres du même Administrateur. Il est vrai que, dans l'enquête, les indigènes de la région, interrogés sur ce point, ont déclaré qu'ils n'avaient rien à dire de M. de Sainte-Marie. L'un d'eux même, Poindet, chef de Poindimié, a déposé — si l'on s'en rapporte du moins au procès-verbal de sa déposition — que M. l'Administrateur *a agi pour le bien du service,* en appliquant un coup de pied au chef de Tiéti. Cette distinction subtile sur les lèvres d'un indigène, parlant par interprète, nous surprendrait, si nous ne savions quelle est aujourd'hui formellement niée par celui qui est censé l'avoir donnée...

François lui-même, après les avis préalables de l'interprète et, nous assure-t-on encore, de Mme P..., tout en avouant les coups de pied reçus, cherche lui aussi à excuser M. de Sainte-Marie. En sorte que M. le Rapporteur pouvait croire de bonne foi qu'il ne s'agissait, en l'espèce, que d'un fait banal, sans importance, quand, en réalité, il est d'une gravité réelle.

Ces voies de fait, dont M. de Sainte-Marie s'est rendu coupable, ont été commises à propos de l'impôt de capitation — l'enquête en fait foi — durant la séance où l'Administrateur venait d'infliger administrativement huit jours de prison au patient, par conséquent, dans l'exercice de ses fonctions. Et, en cela, il a gravement manqué à la dignité que doit toujours garder, vis-à-vis des indigènes, un représentant de l'autorité française en service.

Cet acte de violence a profondément affecté les tribus voisines. Le chef, en effet, quelle que soit sa valeur personnelle, est entouré, en tant que chef, d'un grand respect par tous ses sujets, et nul n'oserait lever la main sur lui. Combien donc les indigènes ont-ils dû être froissés en apprenant la brutalité de M. de Sainte-Marie à l'égard du chef de Tiéti! On comprend alors que ceux de Wagap n'aient pas voulu exposer les leurs à un tel déshonneur.

Les dépêches signées du nom des fils des chefs Livino et François ont été dictées à Paul Ounine, fils de Livino, par les Missionnaires, et seulement signées de ceux qui en endossaient la responsabilité visible. Jamais ces jeunes gens, non plus que les autres indigènes, n'eussent songé à les écrire, et ils sont manifestement incapables de les rédiger. Tout l'effet de ces télégrammes s'est produit à Nouméa et n'a eu aucune répercussion sur les intéressés, qui n'ont d'ailleurs pas compris grand'chose à cette démarche.

On se rappelle en quelles circonstances les deux premiers télégrammes, auxquels fait allusion le passage précité du Rapport, ont été envoyés à M. le Procureur de la République. A plusieurs reprises, Paul Ounine, fils de Livino, était venu supplier les Missionnaires de lui indiquer un moyen de faire sortir de prison son père, malade de la dysenterie. Et les Missionnaires n'en trouvèrent pas de meilleur que l'envoi d'un télégramme au Procureur de la République. Paul accepta avec joie et écrivit lui-même la dépêche. Les Pères lui indiquèrent seulement la manière de la rédiger convenablement. Tel est le fait.

Cet indigène comprit donc parfaitement la démarche qu'il allait faire. Et quand, sur le conseil des Missionnaires, il inspira à Antoine, fils de François, la pensée d'agir de même, à l'égard de son père, il ne doutait nullement de l'effet que cette démarche pouvait produire.

Le fait signalé par le 3° télégramme, signé Lino et écrit par cet indigène sous la dictée du R. P. Berne, est d'une gravité réelle (Voir la déposition de ce Missionnaire). Les chefs des tribus de la Tiwaka, ayant été frappés d'une punition administrative, ont refusé, le 11 novembre, de se rendre à la première convocation qui leur était envoyée par le gendarme Depoisier, sous le prétexte que cette convocation leur était portée par un libéré nommé Bonguet, cantonnier. Ce prétexte n'était pas sérieux, le libéré Bonguet n'était porteur d'aucun ordre écrit, bien qu'on nous l'ait affirmé. (*M. le Rapporteur fait allusion, en ce passage, à la déposition du R. P. Chalandon. Or, si nous nous reportons à cette déposition, nous y lisons que le R. P. parle, non de la convocation du 11 novembre, mais d'un précédent appel communiqué par le libéré Bonguet qui, cette fois, avait libellé lui-même un ordre et l'avait signé*), et remplissait seulement une commission du gendarme, dont le cheval s'était déferré en route, et qui avait dû s'arrêter à la maison Chiquet.

Que l'on nous permette ici une réflexion. Nous ne voulons nullement mettre en doute la véracité du gendarme Depoisier, donnant la raison de l'envoi de Bonguet, pour communiquer aux trois chefs l'ordre de se rendre chez Chiquet. Nous trouvons cependant très étrange que le même gendarme rendant compte à son maréchal des logis de sa tournée à Wagap, n'ait plus pensé à alléguer, pour expliquer l'envoi de Bonguet, l'excellente raison qu'il donne à l'enquête. Nous lisons en effet dans la déposition de M. Laborderie :

C'est seulement le 17 au soir que le gendarme Depoisier m'a rendu compte de ce qui s'était passé.

D. — Que vous a-t-il raconté?

R. — Une première fois, il s'est rendu seul à Tiwaka, chez M. Chiquet; *et pensant ne pas rencontrer plus de résistance qu'à l'ordinaire, il chargea le nommé Bonguet*, comme il eût chargé toute autre personne de le faire, de dire aux chefs, en passant, que le gendarme avait à leur parler.

Cette divergence d'explications ne nous surprend nullement. Nous sommes habitués à la rencontrer dans les dépositions des trois gendarmes de Touho.

Les chefs eux-mêmes n'eussent peut-être pas fait de difficultés pour aller trouver le représentant de l'autorité, si des jeunes gens, menés par les nommés Léopold et Fideli, ne les avaient arrêtés en chemin. (*Ce renseignement est uniquement fourni par le libéré Bon-guet, qui le donne pour expliquer son insuccès.*) Le 13, les gendar-mes Lamadon et Depoisier se transportaient à Wagap, sur la place du village, au centre même de la résistance, pour notifier aux chefs les punitions qu'ils avaient encourues, et les inviter à se rendre au poste pour les purger, immédiatement ou dans un certain délai. Ils ne venaient nullement arrêter ces chefs, ils n'avaient pas pour mis-sion de se les faire « livrer », comme semblent le dire les termes du télégramme, et connaissaient parfaitement les limites de leur devoir.

Nous regrettons d'avoir à contredire, sur ce point, M. le Rapporteur, qui, sans doute, en écrivant ce passage, n'avait plus présents à l'esprit ni le télégramme du gen-darme Depoisier lui-même, déclarant à son commandant qu'il était allé Wagap *pour procéder arrestation des chefs,* ni la déposition du maréchal Laborderie affirmant que M. de Sainte-Marie lui avait remis une réquisition *pour procéder à l'arrestation* de Robert, Silveri et Kela.

Les gendarmes avaient donc pour mission d'arrêter les chefs. Ils ne l'ont pas fait. Il n'y a, par conséquent, pas eu résistance formelle à l'ordre de M. de Sainte-Marie, cet ordre n'ayant pas été mis à exécution, selon sa te-neur, mais simple refus de la part des chefs de se rendre volontairement à Touho pour faire une punition qu'ils ne croyaient pas avoir méritée.

Leur conduite a été, selon nous, parfaitement correcte et digne, et, devant un rassemblement de deux cents indigènes qui leur ont déclaré que leurs chefs n'iraient pas en prison, devant la volonté manifeste de ces derniers de ne pas purger leur peine ni à ce moment, ni plus tard, ils se sont retirés tranquillement, au pas, et sans montrer au-cune émotion. Les indigènes avaient cependant raconté aux RR. PP. Maristes de Saint-Léonard et de Tié que le gendarme Lamadon avait tenu ce propos : « Nous reviendrons vous fusiller, ou vous flingoter, comme à Hienghène. » C'est ce propos qui a été le prétexte ostensible de la dépêche Lino.

Nous reconnaissons que la conduite de M. Depoisier, durant cette entrevue, a toujours été correcte. Nous ne pouvons en dire autant de celle de M. Lamadon. Ce dernier gendarme, voyant l'insuccès de la démarche faite auprès des indigènes, ne put garder son sang-froid et, brandissant le nerf de bœuf qu'il tenait à la main, s'écria à deux reprises : « Eh bien! Nous reviendrons avec les soldats pour vous *flingoter,* comme autrefois à Hienghène. »

Ce propos jeta le trouble parmi les indigènes, qui partirent immédiatement pour Tié, où ils racontèrent aux Missionnaires — ignorants jusque-là de la situation — ce qui venait de se passer. Les Missionnaires, voyant les indigènes atterrés de cette menace inattendue, et les entendant parler de s'enfuir dans les montagnes, ne trouvèrent pas, après mûre réflexion, de meilleur moyen de sauver la situation qu'en engageant Lino, fils du chef de Wagap, à demander, auprès de l'autorité judiciaire de Nouméa, secours et protection. Et alors fut expédiée la fameuse dépêche dont la raison motivée, et non le prétexte ostensible, fut le propos, réellement tenu par le gendarme Lamadon.

Nous ne sommes pas éloignés de croire qu'il n'a pas été tenu et voici pourquoi. Les gendarmes affirment énergiquement n'avoir rien dit de pareil, et d'autre part, les indigènes ne nous semblent n'avoir, quoi qu'ils en disent maintenant, connu ces paroles que par la traduction qui en a été faite par les interprètes Léopold et Fidéli. Or, Léopold et Fidéli sont les véritables meneurs de la rébellion. (*Qui n'en est pas une, comme nous l'avons démontré. Il s'agit, en l'espèce, d'une pure agitation ou résistance passive.*) Leurs noms se trouvent à chaque pas dans cette partie de l'enquête, et la déposition de Léopold est caractéristique. Il suffira de la lire pour se rendre compte de l'importance du rôle joué par cet homme. Fidéli, qui l'a doublé dans tous ses actes, est parti pour Nouméa, sans autorisation, dès l'arrivée de la commission d'enquête. Cette fuite ou cette démarche nous dispense de commentaire.

Les gendarmes n'ont pas reconnu, devant la Commission, le propos tenu à Wagap. Pour quelle raison? Nous n'avons pas à le discuter. Mais nous tenons à rappeler que, lors de la confrontation de MM. Depoisier et Lamadon, ce dernier se trouva dans un embarras pénible, quand il se vit en contradiction avec son collègue sur le jour où il aurait appris, pour la première fois, la parole qu'on lui prêtait... Il ne put s'en tirer qu'en s'en rapportant à ce que disait M. Depoisier...

Peut-être ces deux militaires avaient-ils compris, — qui sait si on ne le leur avait pas fait comprendre — que ces menaces avaient une gravité réelle, qu'elles compromettaient la situation et donnaient un prétexte sérieux à la résistance des tribus de Wagap? Or, il fallait pouvoir conclure que cette situation n'était créée que par l'influence occulte des Missionnaires, seule cause de toute l'agitation. Il était donc utile de ne plus se souvenir des paroles prononcées.

Ces paroles n'en restent pas moins réelles. Elles ont été entendues et comprises par cinquante indigènes, *sans le secours des interprètes Léopold et Fidéli,* que M. le Rapporteur regarde comme les prétendus meneurs de la prétendue rébellion.

Léopold a, de fait, servi d'interprète à la tribu de Wagap, durant l'affaire. On comprend donc que son nom se retrouve souvent dans l'enquête. Que sa déposition soit caractéristique, nous en sommes moins étonné qu'en ce qui regarde les dépositions de plusieurs autres Canaques, qui ont eu besoin de l'interprète Dinet, pour s'expliquer devant la Commission... Léopold parle couramment le français, connaît une partie des usages français, il a donc pu, raisonner les différents incidents dont il a été témoin et en rendre compte. Il a pu par exemple, déposer que les indigènes de Wagap n'ont pas obéi à l'Administrateur, parce que les punitions infligées ne leur semblaient pas méritées, mais qu'ils étaient disposés à obéir à un jugement rendu, en bonne et due forme, par le tribunal de Nouméa.

Quant à Fidéli, qui n'a paru, en réalité, que dans l'entrevue des indigènes avec M. de Sainte-Marie, chez M. Chiquet, s'il a disparu, à l'arrivée du *Saint-Antoine*, il l'a fait à l'insu de tout le monde, afin, dit-on, de pouvoir opérer un voyage à Sydney, dont le désir le hantait depuis longtemps.

Le seul argument sérieux à l'appui des affirmations des indigènes réside dans la déposition du R. P. Berne, relativement à l'aveu que lui aurait fait, seul à seul, le gendarme Depoisier de la réalité des propos attribués au gendarme Lamadon. La confrontation du R. P. et du gendarme n'a donné aucun résultat, le Père maintenant qu'un aveu lui avait été fait par le gendarme, et ce dernier le niant absolument. Il est impossible, à notre avis, de trancher le différend, et d'admettre que l'un des contradicteurs, respectable par le caractère dont il est revêtu, ou l'autre, militaire en fonctions, ait sciemment altéré la vérité. Nous pensons cependant que le Missionnaire a pu, de très bonne foi, se méprendre sur le sens de la conversation qu'il a eue avec le gendarme Depoisier. Il résulte de la lecture de cette confrontation une impression de trouble et de confusion qui ne nous permet pas de rien affirmer. Cette confrontation a péniblement affecté ceux des membres de la Commission qui ne sont pas familiarisés avec la police judiciaire, mais tout magistrat sait par expérience que la même conversation, par une sorte de cristallisation maintes fois observée, peut, dans le souvenir d'interlocuteurs de bonne foi, prendre des significations absolument différentes, et revêtir les formes les plus arrêtées et les plus précises dans le sens où elle a été comprise par chacun, quand, en réalité, elle a été flottante et décousue. Toutefois nous ne pensons pas pouvoir affirmer qu'il en a été ainsi, et cette explication, que nous croyons plausible, n'a que la valeur d'une hypothèse.

M. le Rapporteur fait allusion en ce passage à une conversation particulière du R. P. Berne avec le gendarme Depoisier, à la brigade de Touho. C'était le 17 novembre. Le R. P. ayant reçu de Monseigneur le vicaire apostolique deux télégrammes successifs recommandant respect et soumission à l'autorité, s'était rendu à Touho pour inviter les gendarmes à revenir à Wagap, les assurant que les chefs n'opposeraient plus de résistance et se rendraient.

Il vit à cet effet M. Depoisier. Et, durant l'entretien, les deux interlocuteurs vinrent à parler de la manière dont s'était faite l'expédition manquée. M. Depoisier dit immédiatement qu'il avait été, lui, très correct. Les indigènes l'avaient en effet déclaré et le Père fut heureux de le lui témoigner.

« Mais, reprit le Missionnaire, il paraît qu'il n'en a pas été ainsi de votre compagnon M. Lamadon, qui était armé d'un gros nerf de bœuf et s'est écrié : « Vous ne voulez pas laisser partir les chefs, eh bien ! nous reviendrons avec les soldats pour vous fusiller comme on a fait à Hienghène. — Oui ! nous reviendrons pour vous flingoter ! »

M. Depoisier répondit que son collègue n'avait pas tout à fait parlé ainsi, mais, qu'étant en colère, il avait dit qu'on reviendrait pour tirer ou flanquer des coups de fusil comme à Hienghène. — Le Père reprit : « C'est bien à peu près la même chose. »

Telle est la conversation, qui a été niée par le gendarme, quand, sur son honneur, ne pouvant le prouver autrement, le P. Berne en a toujours affirmé l'authenticité absolue.

M. le Rapporteur, continuant de développer sa thèse par laquelle il essaye de démontrer que toute l'agitation a été créée par la Mission, se trouve légèrement embarrassé de cette affirmation formelle du R. P. Berne. Pour être logique, et pouvoir tirer plus tard des conclusions absolues, il ne peut en effet reconnaître que cette agitation aurait pu être causée par quelque fait grave, comme une menace de fusillade. D'un autre côté, la correction de langage dont il a toujours fait preuve — ce dont nous lui rendons hommage — ne lui permet pas de dire que le R. P. Berne altère la vérité.

Et il invente, pour sortir de cette impasse, le système de la *cristallisation des idées,* suivant lequel le Père, se méprenant sur le sens de la conversation qu'il a eue avec le gendarme Depoisier, aurait cru, de bonne foi, que ce gendarme lui avait répondu par la parole rapportée plus haut, quand, en réalité, il lui aurait dit tout le contraire...

Certes, ce système, s'il avait même la valeur d'une hypothèse fondée sur des phénomènes psychologiques dé-

montrés, serait fort commode en nombre de circonstances analogues à celle qui nous occupe. Mais nous ne
sommes pas éloigné de croire qu'il ne peut être conçu
que par des imaginations vaporeuses, habituées à vivre

> En les ténèbres du septentrion terrible
> Où, flamboyant sur la mâture des forêts,
> Étendard étoilé battant dans les agrès
> De l'abîme, l'Ours aux fourrures d'or émerge.

> (*L'Esprit qui passe.*)

Nous, disciple moins hautain de maîtres plus accessi-
bles, nous préférons encore la réalité des choses et nous
disons que le R. P. Berne ne s'est nullement mépris sur le
sens de la conversation du **17** novembre, conversation
qu'il a d'ailleurs rapportée immédiatement après au R.
P. Vincent, et qu'il a, dès son retour, consignée dans ses
notes; et l'aveu du gendarme Depoisier est une nouvelle
preuve de la vérité des menaces proférées par son collègue Lamadon, menaces qui ont jeté la terreur dans la population indigène, et ont été l'une des causes de l'agitation qui a régné dans ces tribus durant près de deux
mois.

Quoi qu'il en soit, que le mot fusiller, que le terme bizarre de *flin
goter* aient été prononcés ou non (*C'est précisément à cause de sa bi-
zarrerie que ce mot flingoter a été si bien retenu par les indigènes*),
que le nom de Hienghène ait été jeté dans la foule par les interprètes
Léopold et Fideli ou par le gendarme Lamadon, ce qui subsiste de l'examen impartial des faits, c'est que l'excitation qui s'est produite parmi
les indigènes a été artificielle, que Léopold, Fidéli et le chef Silveri en
sont les auteurs visibles, mais qu'ils ne sont pas seuls.

Nous aurions été heureux de voir consignés ici *les faits*
dont l'examen *impartial* a permis de dire que l'agitation
avait été artificielle et créée par trois indigènes, sous l'ins-
piration des Missionnaires.

Nos lecteurs les connaissent maintenant ces faits, nous
les avons publiés au long dans notre HISTORIQUE, nous leur
demandons alors s'il en est un qui permette de dire que

la Mission est l'auteur de l'agitation des tribus de Wagap.

Nous avons démontré au contraire que cette agitation, qui a porté les indigènes païens de Poimbei et les indigènes catholiques de Wagap à faire acte de résistance passive, lorsque les gendarmes se sont présentés pour arrêter les chefs, était à l'état de fait accompli quand, pour la première fois, les Missionnaires sont intervenus, et cela *pour l'apaisement*.

Quant à Léopold et Fidéli, ils ne sont, pas plus que Silveri, les auteurs visibles de la résistance. Léopold a parlé en deux circonstances au nom de tous, Fidéli en une seule : ces deux interprètes ont pris la parole dans l'entrevue des indigènes avec M. de Sainte-Marie — où celui-ci a grossièrement injurié Robert et ses sujets — et ils se sont bornés à dire, non qu'ils ne voulaient pas, mais qu'ils ne pouvaient pas payer l'impôt de capitation, faute d'argent, que l'Administration leur devait à eux-mêmes et qu'on leur avait pris leur îlot de l'embouchure de la Ti-Waka, sans même leur en parler, sans leur donner par conséquent *le signe palpable de leur consentement* présumé.

De même, dans l'entrevue avec les gendarmes, Léopold qui a parlé seul a simplement déclaré que les indigènes ne voulaient pas de bon cœur livrer leurs chefs innocents.

Voilà tout leur crime !

Nous sommes étonné de rencontrer, parmi les prétendus meneurs, Silveri, chef de Tié. Nous eussions pensé que M. le président de la Commission, familier de par ses fonctions avec la physiognomonie, aurait reconnu, dès à première vue, en Silveri, un homme peu favorisé de la nature, radicalement incapable de toute malice, à plus forte raison de toute influence sur la marche des événements. Cela est si vrai qu'un ancien chef du Service des Affaires indigènes, tout en laissant à Silveri le titre de chef, avait désigné un indigène pour gouverner la tribu, reconnaissant, dans le vrai chef, un homme incapable de le faire.

Deux réunions au moins avaient été tenues par les indigènes des trois tribus à Wagap même, sur le territoire de la Mission, et le jour où les gendarmes se sont présentés sur la place du village, leur arrivée, annoncée à l'avance, était escomptée par les partisans de la résistance.

Il est vrai qu'il y a eu plusieurs réunions au village indigène de Wagap, fondé depuis de longues années sur un terrain concédé par la Mission, mais les Missionnaires n'ont jamais été avertis de ces réunions. Ils ont appris plus tard que les indigènes avaient décidé de ne pas livrer leurs chefs, si les gendarmes venaient les réclamer, mais jamais, croyons-nous, ils n'ont pensé à s'opposer par la force à l'enlèvement de ces chefs.

C'est un rassemblement analogue qui nous a accueillis, lorsque nous sommes venus, pacifiquement, comme porteurs du secours et de la justice demandés, enquêter au milieu d'eux. C'est au milieu d'un rassemblement analogue, sourdement hostile, que nous avons entendu Robert, Kéla et Silveri. Nous avons déjà signalé la déposition de ce dernier. Nous avons dû renoncer à confronter les gendarmes avec leurs contradicteurs, parce que la présence de représentants de l'autorité porteurs de leurs armes, au milieu d'hommes également armés, qui les avaient bravés ouvertement quelques jours auparavant, nous a paru inutile d'abord, et peut-être dangereuse ensuite. (Voir la pièce n° 34 bis.)

Le rassemblement qui a accueilli MM. les Enquêteurs n'était nullement hostile. Les indigènes, apprenant l'arrivée de la Commission dans leur village, étaient accourus en foule pour comparaître en sa présence; en sorte que d'une démarche toute naturelle, M. le Rapporteur fait un sujet de récrimination.

Nous pouvons affirmer que, loin d'être hostiles, les indigènes, s'imaginant que la Commission, appelée par eux, ne pouvait que leur être favorable, ont gardé à son égard l'attitude la plus correcte. Ils avaient confiance en la bienveillance des Enquêteurs et n'ont jamais pensé à se présenter devant eux, armés de casse-tête et de sagaies.

On aurait donc pu, sans danger, les confronter avec les

gendarmes, n'était peut-être la crainte de voir la confrontation tourner à la confusion des représentants de l'autorité : ce que l'on a bien fait d'éviter.

Nous devons ajouter que de même que les indigènes ne s'étaient pas rendus à la première convocation du gendarme Depoisier, ils ne se sont pas rendus à notre première convocation. Nous les avions cependant appelés régulièrement, et aucun libéré n'était intervenu. Nous n'avons pu entendre les chefs et les témoins qu'après nous être, par une démarche personnelle auprès des R. P. Berne et Chalandon, assuré le concours de ces deux Missionnaires. Nous rendons d'ailleurs hommage à la parfaite courtoisie et à l'obligeance avec laquelle l'un et l'autre ont mis leur crédit auprès des indigènes au service de la Commission et nous ont ainsi permis de recueillir des témoignages qui nous eussent manqué, si nous n'eussions eu recours à leur intervention. Telles sont les dépositions de Robert, Kéla, Silveri, Léopold, Macaire, Sébastien, Anatole, etc...

La vérité est que — probablement sur la demande de la Commission — M. Chiquet avait envoyé un Canaque pour prier les indigènes de Wagap de venir à la Ti-waka, mais sans leur dire qui les demandait. Ils se sont rendus immédiatement au bac et ont attendu qu'on les appelât, mais personne ne leur a parlé.

Le surlendemain, MM. les Enquêteurs s'étant transportés eux-mêmes à Wagap, les indigènes se sont encore tenus à leur disposition, mais la Commission n'a entendu que les chefs. En sorte que les indigènes ont montré, en cette circonstance, beaucoup de bonne volonté. Aussi ont-ils été très étonnés d'entendre dire par le P. Berne, invité par MM. les Enquêteurs à faire cette démarche, qu'on leur reprochait de ne s'être pas rendus à la convocation de la Commission, puisque, en réalité, jamais on ne leur avait dit que ces Messieurs les eussent fait appeler.

Les indigènes de Wagap, en général, et à plus forte raison des hommes comme Fidéli, Léopold et Silveri, qui ont une instruction élémentaire (*Silveri, comme nous l'avons dit, est un gros benêt qui ne sait pas un mot de français, et n'a par conséquent ni instruction, ni éducation*), qui ont, les deux premiers au moins, servi à Nouméa, à la Procure (*jamais Fideli, dont la conduite n'est nullement exemplaire, n'a servi à la Procure*) se rendent parfaitement compte de l'impossibilité où ils se trouvent de tenter une résistance armée. Ils savent très bien que, derrière les gendarmes de Touho, il y a des centaines de fusils, et toutes les forces inconnues et lointaines que renferme pour eux ce mot : le gouvernement. Pourquoi donc ont-ils, après la résistance passive opposée aux gendarmes, fait preuve vis-à-vis de nous, qu'ils avaient, en somme, appelés, d'une hostilité un peu enfantine et exhibé leurs maigres effectifs et leurs pauvres armes?

Nous l'avons déclaré, et nous le répétons, jamais, durant toute l'affaire, *a fortiori* devant MM. les Enquêteurs, les indigènes ne se sont présentés armés. Seuls, quelques enfants tenaient à la main de petites sagaies de jeu.

Pourquoi alors cette insistance? Nous ne pouvons croire que M. le Rapporteur ait vu, dans ces jouets, le signe d'une hostilité à l'égard de la Commission.... Elle eût été alors on ne peut plus enfantine!....

C'est que (et, s'ils ne l'ont pas compris, d'autres l'ont compris pour eux) l'opinion est souveraine sous un régime de liberté comme le nôtre, les forces morales gouvernent en réalité notre nation, et un simple simulacre d'action, quand il est appuyé par des réserves suffisantes dans la presse et dans le public, peut amener des résultats immenses. Leurs démonstrations, négligeables en elles-mêmes, sont le point d'appui nécessaire à un levier qui peut, manié à Paris, être d'un effet irrésistible. Ils ne sont donc que les acteurs absolument inconscients d'une pièce dont le scénario, et même le texte, est rédigé par des auteurs qui prétendent garder l'anonymat.

Cette théorie légèrement sophistique est destinée, dans l'esprit de M. le Rapporteur, à amener insensiblement la cause occulte. Mais s'il n'a pas, pour la démontrer, d'autre fait que ce prétendu simulacre d'action, qui aurait été organisé... par les Missionnaires, afin de s'en servir, comme d'un levier puissant, pour agir à Paris, nous pensons qu'il eût mieux fait, *dans l'intérêt de sa thèse*, de le passer sous silence...

Les actes reprochés à M. de Sainte-Marie se lient, d'une façon plus ou moins directe (*tout à fait directe*), à la perception de l'impôt de capitation, perception qui a rencontré beaucoup de difficultés dans certaines tribus de la région qui va de Ponérihouen à Touho et qui s'est effectuée ailleurs, croyons-nous, sans résistance.

Partout où M. de Sainte-Marie a passé, comme percepteur de l'impôt de capitation, il y a eu mécontentement chez les indigènes, à cause de ses procédés inqualifiables, à Houaïlou, Monéo, Ponérihouen, Ina, Tiéti, Amoa, Wagap, etc. Telle est la vérité.

L'impôt de capitation établi sur les indigènes, la façon dont il est perçu, sont matières administratives sur lesquelles nous n'avons ni indications à donner, ni opinion à fournir. (*Pourquoi alors l'enquête? Nous avions toujours pensé qu'elle avait été ordonnée pour informer de la façon dont M. de Sainte-Marie avait perçu l'impôt. M. le Rapporteur aurait pu alors déclarer, ce semble — sans, pour cela, donner d'opinion sur la perception en général — que la manière employée par M. de Sainte-Marie n'était pas la meilleure.*) Nous avons seulement reconnu ce fait que, seules, les trois tribus de Wagap ont refusé de verser un centime et ont déclaré nettement qu'elles ne paieraient pas un impôt injuste, et à l'occasion de la perception duquel leurs chefs avaient encouru des punitions injustes.

Les tribus de Wagap n'ont jamais déclaré, qu'elles ne paieraient pas un impôt *injuste*. Tout le dossier de l'enquête en fait foi. Elles ont toujours dit qu'elles ne pouvaient, par pénurie d'argent, payer leur capitation; que d'ailleurs l'administration étant leur débitrice pour 900 journées de travail, il leur paraissait juste de faire au moins entrer cette dette en ligne de compte.

Les tribus d'Ina et d'Amoa ont manifesté quelque mauvaise volonté, celle de Touho également (*ces tribus ont donné tout ce qu'elles possédaient*). La seule tribu de la vallée de la Tiwaka qui ait acquitté son rôle sans difficulté et intégralement, est celle du chef Téin de Kokingone (*tribu, comprenant une vingtaine d'imposés, habitant au milieu d'une véritable forêt de cocotiers, sur un terrain que l'on n'a pas encore exproprié*). Il n'est pas inutile de mentionner, dès à présent, et ceci aidera à comprendre les conclusions auxquelles nous serons amenés à la fin de ce rapport, que la tribu de Kokingone est la seule qui soit restée entièrement païenne, sur les rives de la Tiwaka. Toutes les autres, au contraire, sont catholiques : entièrement à Ina et à Wagap, en partie à Amoa et à Pembaï. (*Il n'y a pas un catho-*

lique en cette tribu). Les chefs sont tous catholiques (*A Amoa, le chef Téin est païen*), sauf Kela, dont la conversion est annoncée, nous verrons dans quelles conditions. Ils ont donc, simples et timides comme tous les sauvages, abdiqué toute volonté entre les mains de la Mission. S'ils ont osé résister à l'action gouvernementale, c'est qu'on les a obligés à oser, et qu'entre deux craintes, la plus puissante a seule agi définitivement. Il est d'ailleurs remarquable que l'influence qui l'a emporté définitivement dans leurs conseils sur celle du percepteur et du gendarme a décru en intensité, en raison directe de la distance, qu'énergique au centre, c'est-à-dire à Wagap, entre les deux missions de Tié et de Saint-Léonard, elle a été facilement vaincue à la périphérie.

Nous avons précédemment démontré, preuve à l'appui, que la Mission n'était jamais intervenue auprès des indigènes en ce qui regarde l'impôt de capitation, si ce n'est, en deux ou trois circonstances, pour les engager ou les aider à payer cet impôt. Et si quelques tribus ont opposé une certaine résistance à l'action gouvernementale, elles l'ont fait d'elles-mêmes, sans consulter. Elles n'ont donc pas été *obligées à oser résister*, comme le dit M. le Rapporteur, dans sa tirade déclamatoire que rien, dans l'enquête, ne corrobore.

Les indigènes chrétiens n'abdiquent pas, aussi volontiers que le ferait croire le Rapport, leur volonté entre les mains des Missionnaires. Voilà pourquoi trop souvent, au point de vue de la vie morale leurs conseils ne sont pas entendus : « Nous obéissons au Père pour la messe, mais pas pour autre chose », déclarait à l'enquête Hippolyte, grand chef de Touho. Cette parole, dans son ingénuité, est vraie. Les indigènes, dans leur vie sociale, s'administrent d'eux-mêmes et les Missionnaires n'interviennent en aucune façon dans cette administration.

Point n'était donc besoin de chercher une influence occulte pour expliquer l'agitation des tribus et prouver que cette agitation a été plus énergique, en raison inverse de la distance qui les séparait des missions, d'autant que cette distinction ne repose sur aucun fondement.

Cette agitation n'a été connue des Missionnaires qu'après être passée à l'état de fait accompli. Et d'ailleurs nous ne voyons pas pourquoi la tribu de Wagap, distante de 6 kil. de Tié et de 8 kil. de Saint-Léonard, a montré plus d'énergie dans la résistance que les tribus d'Ina et d'Amoa, établies à 5 ou 6 kil. de Tié ou celle de Touho, près de laquelle vit un Missionnaire en résidence habituelle, sinon parce que les circonstances ont varié avec les lieux. A Wagap, où les indigènes, très nombreux, ont peu de terres cultivables, les ressources ont manqué pour solder la capitation ; de plus, ne se trouvant pas dans le voisinage des colons, ils ont peu d'occasion de travailler à l'extérieur, en sorte qu'ils ont cru devoir déclarer à M. de Sainte-Marie leur impossibilité absolue de payer l'impôt ; jugeant cependant que cette impossibilité n'était pas un crime qui méritât la prison pour leurs chefs.

De là, résistance passive, accentuée par les menaces de M. Lamadon.

Nous arrivons donc à la cause occulte des faits qui ont alarmé la population européenne du pays et ému le public du chef-lieu. Cette cause occulte est en même temps la seule cause vraie. La démonstration en est facile et résulte de l'ensemble de notre enquête. Dès que la perception de la capitation a été commencée, la résistance a été organisée.

M. le Rapporteur, suivant en cela l'exemple des colons qui ont déposé contre les Missionnaires, se garde bien de donner, en forme, cette démonstration si facile. Nous la cherchons en vain dans l'enquête, nous ne la trouvons pas. Il faut cependant — le programme l'exige — que la cause occulte soit exposée, afin que l'on puisse en tirer les conclusions demandées par M. le Gouverneur, conclusions qui lui permettront de faire lui-même un Rapport pour réclamer le rappel de la Mission Mariste et son remplacement par un clergé séculier.

Aussi M. le Rapporteur, après avoir reconnu les fautes de l'Administration, va-t-il nous développer trois points principaux, qu'il donne comme preuves de l'ingérence occulte de la Mission dans l'affaire de Wagap : les Missionnaires ont organisé la résistance à la perception de l'impôt de capitation, ils ont conseillé l'envoi des trois télégrammes à la justice pour impressionner le public, enfin ils ont enseigné, pour persuader les Canaques, qu'au-dessus du Gouvernement, était un autre pouvoir temporel, auquel il fallait aller de préférence. Nous allons examiner de nouveau, avec M. le Rapporteur, ces trois méfaits, quoique déjà nos lecteurs sachent ce qu'il faut en penser.

Nous devons reconnaître que des fautes ont été commises par l'Administration, qui rendaient cette résistance plus facile et lui donnaient parfois des raisons d'être. La première faute consiste à n'avoir préparé qu'avec une lenteur extrême les feuilles d'imposition et à avoir réclamé, au mois de novembre 1899, la contribution échue ; la deuxième consiste à avoir négligé de tenir compte à certaines tribus de sommes dues par l'Administration pour salaires ou pour travaux de routes, sommes qui eussent dû être défalquées à l'avance du montant de l'impôt. Une sorte de compensation entre ce qui était du Service local et ce qu'il devait aux tribus ou aux individus, eût été à la fois une simplification qui eût satisfait les indigènes, mal préparés à comprendre la comptabilité et les lenteurs bureaucratiques, et qui était recommandée par l'équité et le sens commun. Nous avons soigneusement recueilli sur ce point les réclamations des chefs, nous les avons notées. Nous laissons aux administrations et aux services responsables le soin d'établir si elles sont fondées dans leur intégralité. Nous sommes persuadés d'ores et déjà qu'elles le sont en partie.

Il ne s'agit certes que de sommes peu considérables, mais celles qui sont réclamées aux indigènes sont également peu considérables. Les retards s'expliquent par la lenteur et la difficulté des communications, mais cette lenteur et cette difficulté existent aussi pour le contribuable et si on veut que ce dernier ne se plaigne pas, il faut que le service auquel il porte son argent ne lui donne aucun sujet de plainte. Ils s'expliquent aussi par la mauvaise volonté des chefs à fournir les premières indications, mais cette mauvaise volonté était trop facile à prévoir. (*Nous pouvons affirmer que l'on n'a jamais demandé à Robert, chef de Wagap, les noms des hommes imposables de sa tribu. On a dressé les rôles sur les listes faites depuis plusieurs années. Nous avons entendu dire qu'il en a été de même en plusieurs autres tribus de l'île.*)

Ceci dit, est-il nécessaire d'ajouter que, seuls les indigènes n'eussent pas songé à réclamer. (*Les indigènes pensent parfaitement à se plaindre. Ils l'ont fait devant la Commission. Ils ont réclamé souvent leur dû à M. Peccard ou autres agents, et sans avoir besoin, pour cela, du conseil des Missionnaires.*) Ils savent très bien que si l'Administration marche d'un pied boiteux parfois, elle n'en marche pas moins régulièrement, et qu'elle finit toujours par payer. Leurs réclamations leur ont été inspirées, quand elles ne nous ont pas été portées directement par les Missionnaires. Ici, nous n'avons aucune critique à exprimer. Nous trouvons absolument loisible, nous trouvons absolument conforme à toutes les règles de la justice et du devoir moral que des Européens, éducateurs d'indigènes, disent à ces derniers : « Avant de payer à l'Administration ce que tu lui dois, fais-lui observer qu'il t'est dû aussi quelque chose et demande la compensation des deux sommes. » Nous admettons mieux encore que le Missionnaire vienne, comme le R. P. Chalandon l'a fait devant nous, pour la tribu d'Ina, exposer franchement et intégralement un sujet de plainte qu'il croit juste, et qui, s'il est reconnu fondé, l'est certainement.

Malheureusement, si nous devons rendre justice à l'attitude de la Mission en cette circonstance, si nous reconnaissons qu'elle n'a ni outrepassé ses droits, ni manqué à ses devoirs, si nous reconnaissons surtout que le R. P. Chalandon n'a pas hésité à se faire au moins cette fois, le porte-parole autorisé de ses paroissiens, nous sommes obligés maintenant de constater que, dans le reste de l'ensemble d'événements, qu'elle a créés et dirigés à son gré, la Mission a agi en dehors de ses droits, contrairement selon nous à ses devoirs civiques et patriotiques, contrairement à ses intérêts mêmes, et a, de plus, manqué entièrement de franchise.

La Mission ou plutôt les deux Missionnaires de Tié et de Saint-Léonard n'ont, nous l'affirmons une dernière fois, rien créé, rien organisé, en ce qui regarde l'agitation actuelle. Ils ne sont intervenus que pour l'apaisement. Ils n'ont donné qu'un conseil, celui du respect et de la soumission à l'autorité et nous ne voyons pas alors en quoi ils auraient manqué à leurs devoirs civiques et patriotiques et surtout en quoi ils auraient manqué de franchise.

Avant de jeter dans le public une semblable diffamation, M. le Rapporteur aurait peut-être pu examiner de plus près le fait auquel il fait allusion : l'envoi des télégrammes. Il aurait vu, comme nous allons le dire, que les Missionnaires ont agi selon leur âme et conscience, et ont suivi la ligne de conduite qui leur était dictée par les circonstances.

Loin d'avoir manqué de franchise, les Missionnaires ont peut-être agi avec trop de simplicité; ils ont peut-être trop écouté leur cœur, en s'apitoyant sur le sort d'infortunés indigènes, menacés de fusillade. Mais ils ne le regrettent pas aujourd'hui, surtout si la démarche qu'ils ont conseillée a contribué, en quelque chose, à arrêter l'effusion du sang.

Que la résistance à la perception de l'impôt ait été organisée par des hommes dévoués à la Mission, cela ne peut être douteux. La tribu païenne de Kokingone, qui n'est séparée de celle de Wagap que par une rivière, a payé intégralement. Partout, dans la région, les païens, sauf ceux de Kéla, dont la conversion est prochaine, se sont exécutés sans résistance; à Touho, le R. P. Vincent nous a avoué, ou peu s'en faut, que les indigènes avaient mal compris ses paroles, mais qu'ils avaient compris qu'il leur disait de ne pas payer. Les colons, sauf deux ou trois (*en consultant le dossier, on constate que deux colons ont affirmé sans le prouver que les Missionnaires avaient conseillé de ne pas payer la capitation, et que deux autres l'ont insinué*) expriment leur opinion dans des termes si énergiques que nous avons dû souvent en adoucir l'expression. Nous considérons le fait comme acquis.

Nous avons déjà, en discutant les dépositions, réfuté cette accusation formulée contre la Mission. Nous n'y reviendrons pas. Nous dirons simplement que les témoins à charge n'ont en effet produit comme dépositions que de pures déclamations, sans preuves, des allégations personnelles, sans fondement.

Mais cette résistance s'est accentuée à la suite des punitions infligées par l'Administrateur. Les fils des chefs François et Livino ont envoyé les dépêches dont nous avons déjà indiqué les véritables rédacteurs, les indigènes de Wagap se sont mis en état de résistance passive, mais ouverte, et la dépêche Livino a été adressée. Ces trois dépêches, dictées par des Européens instruits, ont été rédigées de telle sorte qu'insérées dans les colonnes des journaux, elles paraissent porter la marque « de l'écriture canaque », s'il est permis de s'exprimer ainsi. La facture en est celle de lettres précédemment publiées, et sur le touchant naturel et la naïve simplicité desquelles s'attendrirent nombre de publicistes ingénieux ou ignorants, et des philanthropes sincères, mais mal avertis.

M. le Rapporteur semble faire croire, en ce passage, que les enquêteurs ont péniblement découvert les véritables rédacteurs des télégrammes, quand les Missionnaires ont déposé nettement et franchement qu'ils les avaient eux-mêmes dictés.

Malheureusement, les copistes n'avaient pas le même degré d'instruction, et voilà pourquoi le télégramme de Livino est bizarrement orthographié, tandis que ceux de Paul Ounine, plus instruit, sont d'une correction parfaite. (*Voir plus haut le texte de ces télégrammes.*)

Si réellement des actes arbitraires avaient été commis, si des abus de pouvoir avaient pu être signalés, il était tout naturel que des télégrammes fussent adressés au chef-lieu appelant l'attention de l'autorité supérieure sur les actes des fonctionnaires incriminés. Ces télégrammes eussent pu être, sans inconvénient, rédigés en français ordinaire, et par les auteurs au nom de ceux qui se croyaient lésés. Si cette voie n'a pas été suivie, c'est que les actes en question ne méritaient pas, en réalité, le caractère qui leur a été attribué, et que c'était sur l'opinion publique qu'il fallait agir avant tout. La preuve en est évidente dans ce fait que *la France Australe* publiait des nouvelles analogues, pendant que le Procureur de la République les recevait en son Parquet.

Les deux premiers télégrammes des fils des chefs d'Ina et Tiéti ont été conseillés, nous l'avons dit, pour mettre fin aux importunes visites de ces deux indigènes venus, à quatre ou cinq reprises, prier les Missionnaires de leur indiquer le moyen de faire sortir leur père de prison. Les Missionnaires n'ont même pas pensé à expédier eux-mêmes les télégrammes, et ils ont cru tout naturel que ce devoir appartenait aux intéressés.

Quant à la troisième dépêche — la seule mal orthographiée — elle a été envoyée à M. le Procureur général, après les menaces de fusillade prononcées par le gendarme Lamadon. Les indigènes ne parlaient alors que de s'enfuir dans les montagnes. Ils étaient sous le coup d'une frayeur indicible. Que faire pour sortir de cette terrible situation et se mettre à couvert de la fusillade possible? Les indigènes se le demandaient. Les Pères leur dirent alors : « Eh bien, faites comme Paul et Antoine. Avouez votre résistance à l'autorité judiciaire de Nouméa et demandez-lui, contre les menaces de M. Lamadon, secours et protection. »

Et la dépêche fut lancée.

Quoi de plus ordinaire que cette démarche? Elle était naturellement dictée par les circonstances. Les Missionnaires n'avaient nullement à intervenir directement dans cette affaire, mais à indiquer la ligne de conduite à suivre. Ils l'ont fait et c'est leur crime! Mais un crime qui eût été commis par tout homme de cœur placé dans les mêmes circonstances, un crime par conséquent dont ils ne rougissent pas, puisqu'il a été cause que les menaces proférées n'ont pas été mises à exécution.

La cause du refus opposé à la première convocation du gendarme Depoisier à la maison Chiquet a été imaginée (*d'après le libéré Bonguet*) par les meneurs Léopold et Fidéli, qui avaient déjà tenu devant l'Administrateur la conduite la plus provocante, et l'attitude la plus insolente (*pas aussi insolente que veut bien le dire M. le Rapporteur, que l'on s'en réfère au compte rendu de l'entrevue que nous avons reproduit plus haut* in extenso). Les libérés servent de plantons à Nouméa, et nul colon, nul fonctionnaire ne s'est jamais formalisé d'une situation imposée par les choses, et à laquelle tout le monde s'est habitué.

Les libérés servent de plantons, nous le concédons, mais nous n'avons jamais vu qu'ils eussent donné des ordres ou servi d'intermédiaire entre l'Administration et les particuliers. Or, le libéré Bonguet sert vraiment, depuis deux ans, d'intermédiaire entre l'autorité et les indigènes; — il leur commande des travaux de route et de quel ton! — Il va même jusqu'à leur intimer, par écrit signé de son propre

nom, des ordres de la gendarmerie. C'est cette manière
de faire qui a froissé les indigènes.

Les mêmes Léopold et Fidéli ont machiné la réunion de Wagap, ils
ont pris la parole, ont demandé l'exhibition d'un mandat de justice,
ont répondu aux gendarmes au nom de tous et, peut-être même, ont
inventé le propos attribué à M. Lamadon. (*En toute cette affaire,
Léopold n'a été qu'un interprète.*) Ce sont eux, en tout cas, qui l'ont
traduit à la foule, l'ont répandu partout et l'ont rapporté aux Missionnaires. Ces hommes ont servi à Nouméa, à la Procure (*Léopold
seul*), ils parlent le français et ont l'attitude et les façons particulières
aux petits employés qui vivent dans les lieux consacrés au culte, autour de ses ministres. Le chef Silveri présente les mêmes caractéris-
tiques (*pas physionomiste*, **M.** *le Rapporteur*). Quant au vieux chef Robert, il semble n'avoir aucune autorité, et a sans doute abdiqué entre
les mains de la jeunesse catholique de sa tribu, des Sébastien, des
Jean, des Macaire, des Anatole et autres conduits par les Léopold et
les Fidéli. Le chef Kela, dont la conversion est annoncée, mais qui
n'a pas encore reçu le baptême, n'a également aucune importance
dans sa tribu.

M. le Rapporteur veut sans doute démontrer par là que
tout s'est fait par l'entremise des prétendus meneurs Léopold et Fidéli. Nous avons dit que Fidéli n'avait paru
qu'une fois dans l'affaire et tout le rôle de Léopold a été
celui d'un simple interprète.

Il est intéressant ici de noter, en passant, à quel moment ce chef,
jusqu'à présent païen, dans une tribu mixte, a vu, a cru, a su, a été
désabusé. A l'inauguration de l'Église de Tié, devant l'évêque, vicaire
apostolique de la Nouvelle-Calédonie, le R. P. Berne a pu prêcher aux
païens, que la curiosité avait attirés en grand nombre, la conversion,
dans les termes suivants : « Faites-vous catholiques, et le gouvernement ne vous prendra pas vos terres. » C'est à la suite de ce sermon
que Kéla a annoncé qu'il allait se faire chrétien. Certes, nous ne son-
geons pas à reprocher aux Missionnaires leur zèle évangélique, nous
serions plutôt tentés de le trouver singulièrement peu actif, si l'on en
juge par les résultats vraiment bien peu considérables de 40 années
de mission, au point de vue de la conquête des âmes. Nous signalons
ces paroles, qui sont authentiques puisqu'elles nous ont été dites, textuellement, par Silveri lui-même, parce qu'elles résument et expliquent
la situation actuelle, non seulement dans les tribus canaques, mais
dans la population entière de l'île.

Nos lecteurs n'ont pas oublié que cette parole a été formellement niée par le R. P. Berne dans une lettre rectificative adressée à *la Calédonie*. M. le Rapporteur la regarde cependant comme authentique, puisqu'elle a été dite textuellement par Silveri lui-même. Il eût pu ajouter qu'elle avait été rapportée par plusieurs autres témoins de l'enquête.

Nous félicitons toutefois M. le Rapporteur d'avoir négligé ces derniers témoignages, car il se trouverait aujourd'hui en une embarrassante situation. Nous savons en effet que les indigènes païens qui ont rapporté, devant la Commission, cette même parole, ont formellement déclaré, en présence de trois électeurs, qu'ils avaient été *sollicités* de la dire... Ne pouvons-nous pas présumer, après cette révélation, que la déposition de Silveri, en ce qui regarde le sermon de Tié, n'est guère plus *authentique* que les précédentes?

Nous laissons alors au public le soin de juger la thèse que M. le Rapporteur base sur de telles dépositions.

Dans la lutte actuelle, il s'agit de persuader aux habitants, indigènes ou immigrés, qu'à côté du Gouvernement et au-dessus de lui, il est un autre pouvoir. La foule aime la force et va au succès. Toute l'histoire locale de ces dernières années, qui semble sans doute une énigme incompréhensible à nos compatriotes de France, tient dans cette proposition. Cela est si vrai que, de part et d'autre, dans la population européenne, et, sauf pour quelques sectaires sans importance, les convictions religieuses sont restées étrangères au débat.

Nous devons cependant nier formellement la dernière assertion. Une certaine presse, à Nouméa, a voulu, de fait, faire une distinction subtile entre les prétendus agissements de la Mission et la religion. Cette distinction n'est qu'un mot.

Et toute la campagne actuelle menée par M. Feillet contre la Mission n'a eu pour résultat que de froisser les catholiques dans leurs convictions les plus chères, en exaltant le protestantisme : de là suppression des bourses pour les catholiques, nomination d'un protestant comme inspecteur des écoles de la colonie, introduction des teachers protestants sur la Grande Terre, etc.

Est-ce là rester étranger à la question religieuse?

Cette résistance à l'autorité est demeurée jusqu'à ce jour impunie. Nous n'avons pas à dire la sanction qui s'impose, et c'est aux pouvoirs constitués de la colonie de voir par quels moyens cet essai de révolte doit être réprimé. Nous ne considérons pas que jusqu'à présent la situation présente un caractère de gravité exceptionnelle, mais elle doit être dénouée par une mesure quelconque, et il est impossible que les représentants de l'autorité acceptent cet échec.

Aujourd'hui la sanction est portée. Elle a été sévère. Ces malheureux indigènes, dont tout le crime fut de déclarer qu'ils ne pouvaient payer l'impôt de capitation, ont été condamnés, Léopold, Fidéli, Silveri et Livino à deux ans d'exil; Kela, Paul Ounine, Baptiste (*on se demande pourquoi ce dernier, son nom ne figure pas dans l'enquête*), et Robert à un an, avec clause que la peine sera réduite de moitié dans le cas où les tribus acquitteraient l'impôt *avant le 31 janvier 1900...*

Ce que nous avons constaté avec tristesse, quand l'évidence s'est imposée à nos yeux et à nos oreilles, c'est que cette situation était absolument factice, que tout tendait à la faire considérer comme étant l'œuvre d'un petit nombre d'hommes uniquement dévoués à la Mission, et par conséquent, de la Mission elle-même. Nous avons fait cette constatation à regret, malgré nous, et parce que nous ne pouvions pas ne pas la faire. La Mission a pu, au début de la colonisation, faire œuvre patriotique et religieuse à la fois, et c'est sur l'histoire de ce début qu'elle peut aujourd'hui encore s'appuyer pour défendre son existence. Mais à mesure que l'élément européen s'est multiplié dans l'île, elle est devenue une organisation disparate à l'égard de l'organisation générale. Des malentendus et des froissements se sont produits et un état d'hostilité, depuis longtemps latent, a soudain mis aux prises les Européens venus dans ce pays, à titre de colons, avec ceux qui les avaient précédés. Nous n'en voulons pour preuve que la presque unanimité des témoignages que nous avons recueillis parmi les colons. La lecture en est suggestive. Quelques témoignages cependant se sont produits en faveur des RR. PP. Maristes. Ils sont en très petit nombre, bien que nous ayons entendu presque tout le monde, et proviennent de clients et d'amis personnels de la Mission, qui ont tenu à venir protester devant nous contre l'opinion de la grande majorité des colons. Ceux-là semblent croire que notre enquête était dirigée contre les Pères et que nous n'avions à l'avance qu'un projet et un but : démontrer leur culpabilité. On le leur avait fait croire, on le leur avait écrit du chef-lieu. Or, cela est contraire à la vérité. Appelés à vérifier les causes des désordres signalés, dont l'origine était attribuée aux actes de M. de Sainte-Marie, nous avons, après un examen impartial des faits, été amenés à conclure qu'ils avaient une autre cause. Nous avons dit laquelle.

M. le Rapporteur insiste de parti pris sur cette allégation gratuite que la situation actuelle est l'œuvre de la Mission. Il ne peut en découvrir des preuves palpables. Il a alors recours à un raisonnement de rhéteur. Cette situation, dit-il, est l'œuvre d'hommes dévoués à la Mission, Léopold et Fidéli... Donc elle est l'œuvre de la Mission elle-même. Et sur ce, il donnait une longue théorie, dans laquelle, se basant sur les témoignages des colons rabattus par M. de Sainte-Marie, témoignages qui ne sont, comme nous l'avons vu, que des déclamations, il veut démontrer que la Mission est l'ennemie de la colonisation. Mais il néglige la déclaration signée de 30 noms de colons de la région d'Ina, Amoa, Ti-Waka, Touho, adressée à M. le Gouverneur, et dans laquelle ces colons affirment qu'ils n'ont eu qu'à se louer de la manière de faire des Missionnaires.

Ce n'est pas par des déclamations, par des théories que peuvent s'établir les responsabilités, c'est par des faits. Or il n'en est aucun dans l'enquête qui permette d'affirmer que la Mission a failli en quoi que ce soit. Et M. le Rapporteur le sent si bien qu'il se voit obligé d'avoir recours à des déductions non fondées pour échafauder sa thèse. Voilà pourquoi elle tombe d'elle-même.

Nous n'avons pas besoin de dire que notre conviction s'est formée en toute liberté, en toute indépendance d'esprit. Étrangers aux passions locales de par nos fonctions et de par les devoirs qu'elles nous imposent, dégagés de l'air ambiant, libres de tout préjugé, nous sommes à l'aise pour conclure sur ce que nous avons vu et entendu, bien que ce que nous avons vu et entendu nous ait péniblement affecté.

Nous avons dit les attaches de parti ou de parenté, les idées préconçues manifestées, et les dispositions d'esprit des membres de la Commission d'enquête, au moment où ils ont entrepris leur voyage, nous n'y reviendrons pas. Nous rappellerons simplement que ces attaches et ces dispositions d'esprit nous eussent permis de les récuser, dans un procès où la Mission eût été partie intéressée, cela suffit pour faire voir ce qu'il faut penser de cette déclaration d'indépendance et d'impartialité que nous fait M. le Rapporteur, à la fin de sa pièce.

Nous considérions jadis comme un légende invérifiable l'opinion des plus anciens colons relativement à la part prise par les Missionnaires dans la formation de troubles plus anciens. Nous avons été amenés à penser que cette opinion avait une base réelle, et que le présent rendait vraisemblable les accusations du passé.

M. le Rapporteur fait allusion aux massacres de Pouébo en **1867**. Nous aurions cru qu'un magistrat ait eu plus de respect de la chose jugée !

CONCLUSION

L'état de trouble qui règne parmi les populations indigènes de la côte Est, et spécialement celles de la Tiwaka, est réel, bien que sa gravité ait été exagérée à dessein. (*Les télégrammes ont-ils révélé autre chose que la vérité ?*) Cette situation a été créée artificiellement par l'exploitation de faits sans importance et d'un état de mécontentement et de désaffection entretenus volontairement, presque uniquement, sinon uniquement, chez les tribus catholiques.

Nous retrouvons ici les expressions mêmes de M. le Gouverneur, dans son discours du 6 novembre, où il parle du *mécontentement* et de la *désaffection* que les Missionnaires seraient censés entretenir parmi les indigènes à l'égard du Gouvernement... Ce souvenir évoqué ne serait-il pas un effet de l'air ambiant ?...

La perception de l'impôt de capitation et les actes reprochés à M. de Sainte-Marie ne sont que les prétextes d'une agitation, superficielle aujourd'hui, mais dont l'aggravation est possible. La cause véritable de cet état de trouble réside dans l'action de quelques meneurs qui sont les instruments des deux missionnaires de Tié et de Saint-Léonard. Les missionnaires de Touho et de Pouébo n'ont pas à beaucoup près agi avec la même ardeur, ou bien leurs indigènes se sont montrés plus difficiles à entraîner. Ils ont cependant travaillé dans le même sens. Tous s'en défendent avec plus ou moins de chaleur, mais leurs dénégations, contredites par les faits (*et quels faits?*) et reconnues erronées sur plus d'un point de détail, sont malheureusement difficiles à accepter. Leur mobile a été, en dehors de l'obéissance à un mot d'ordre venu de haut, qui est dans le domaine des probabilités, mais que rien de matériellement palpable ne permet de constater, cette conviction ancrée dans leur esprit que la présence de nouveaux colons est nuisible, peut-être à leur influence spirituelle et, certainement, à leur influence temporelle sur les indigènes. Leur œuvre de propagande religieuse paraît avoir produit des résultats en disproportion avec leur nombre et la situation matérielle de leurs établissements, et ils redoutent la présence de colons nouveaux. Quelques-uns de ceux-ci, deux ou trois seulement, sont acceptés par eux et vivent en relations intimes avec eux.

Il nous semble inutile de réfuter encore les accusations relatives à la résistance à l'impôt de capitation, à l'opposition prétendue des Missionnaires à la colonisation et à leur soi-disant commerce, nous aurions peur de fatiguer nos lecteurs par des redites.

Nous devons cependant à la vérité d'affirmer hautement que jamais un mot d'ordre n'a été donné aux Missionnaires, qu'il était d'ailleurs impossible, puisque l'autorité ecclésiastique du Vicariat n'a connu l'agitation qu'après coup, le 14 novembre, par les télégrammes du P. Berne, et alors elle n'a fait que recommander le respect et la soumission. Pourquoi alors la faire intervenir, sinon afin de tirer l'invraisemblable conclusion que nous allons lire?

Cependant, et après avoir constaté des faits qui s'imposent, il importe de comprendre que le véritable terrain de la lutte n'est nullement religieux, que le mouvement de résistance à l'autorité, créé dans le voisinage de leurs missions, n'a qu'un but : peser, au moyen de l'opinion française et la presse métropolitaine, sur les intentions du gouvernement de la République; que ce but, en conséquence, est uniquement politique. La politique, dans une colonie comme la nôtre, où il n'existe pas de représentation dans les Chambres, se résout dans l'obtention du maintien ou du déplacement de tel ou tel haut fonctionnaire. Il est visible que nous sommes en présence d'une action combinée en vue d'obtenir ce résultat.

Il fallait en venir là? C'était le mot d'ordre et la seule raison d'être de l'enquête.

Il est visible, dit M. le Rapporteur, *que nous sommes en présence d'une action combinée en vue d'obtenir le déplacement de M. Feillet.*

Qu'on se rappelle notre ʜɪꜱᴛᴏʀɪQᴜᴇ ᴅᴇꜱ ꜰᴀɪᴛꜱ. Un administrateur part en tournée de perception d'impôt. Constatant que la rentrée ne s'opère pas avec assez de rapidité, il fait emprisonner 14 chefs, en frappe un autre, en insulte plusieurs, et il soulève ainsi d'indignation un certain nombre de tribus qui ne veulent pas livrer leurs propres chefs à un semblable percepteur : de là, résistance passive, accentuée par des menaces de fusillades. Telle est toute l'histoire.

Et c'est ce que l'on appelle un mouvement créé dans le but de peser, au moyen de l'opinion française, sur les intentions du gouvernement de la République pour obtenir le déplacement de M. Feillet! Il faut vraiment de la bonne volonté pour déduire de faits très simples une telle conclusion. Mais nous savons que cette conclusion ne surprendra personne.

Tant que ce résultat n'aura pas été atteint, la campagne actuelle se poursuivra sans trêve à moins que, pour faire cesser un état de choses qui entretient inutilement des haines entre Français, dont l'autorité gouvernementale ne souffre d'ailleurs guère plus que n'en souffre la religion catholique elle-même, le pouvoir central ne se décide à user de son droit, qui est de rappeler, par des mesures effectives le chef de la Mission locale et ses subordonnés au respect des traditions de leur ordre. Il ne nous appartient pas de dicter au représentant du gouvernement de la République dans la colonie la conduite qu'il doit tenir, et les mesures qu'il peut réclamer de la sollicitude du Département. La situation actuelle provient d'une équivoque entretenue de puis plusieurs années; elle doit finir avec l'équivoque dont elle est née. Nous avons la conscience que notre enquête aura contribué, en quelque part, à la manifestation, tardive peut-être, mais inévitable un jour ou l'autre, de la vérité.

Fait et clos à Oubatche, le 7 décembre 1899.

Ont signé :

Ch. Leconte, *Président de la Cour d'Appel;*

Fortin, *Chef d'escadron d'artillerie de marine ;*

Fawtier, *Chef du Service des affaires indigènes et de l'immigration.*

Après une semblable diatribe, M. le Rapporteur ne pouvait conclure qu'en demandant une répression administrative contre les Missionnaires. Il l'a fait.

Une fois encore, quel est donc leur crime? Il n'en ressort aucun autre de l'enquête que celui d'avoir conseillé l'envoi des fameux télégrammes. Eh bien! en quoi ont-ils manqué par ce conseil? Ils ont sauvé d'une situation douloureuse d'infortunées tribus, excitées par les mauvais procédés d'un Administrateur imprudent. Et c'est tout. Cette conduite, pour tout homme sensé et non prévenu, mérite-t-elle autre chose que des éloges?

Et le Chef de la Mission locale, en quoi a-t-il failli? Toute son intervention, dans cette pénible affaire, a été de conseiller la soumission, le respect à l'autorité, comme ses télégrammes en font foi. Où est la faute?

M. le Rapporteur, sans s'en douter, conclut bien, en disant que l'enquête a contribué à la manifestation de la vérité, qui est que la Mission a été en butte à un parti pris violent qui n'a pu cependant la compromettre.

L'enquête qui était destinée, comme on l'a souvent répété, à couvrir de confusion les Missionnaires, n'aura réussi qu'à démasquer les batteries de leurs ennemis et à ménager à la Mission un nouveau et plus éclatant triomphe.

L. Chatelet,
Missionnaire.

Quelques jours après la publication de ce qui précède, paraissaient les lignes suivantes, que nous voulons reproduire ici, sous le titre qui leur a été donné :

Contradictions et illégalités de l'enquête administrative.

Monsieur le Directeur de *la France australe*.

La réponse de la Mission au réquisitoire des enquêteurs laisse quelques points dans l'ombre. Voulez-vous m'accorder une petite place dans vos colonnes pour les mettre en lumière. Vous me direz sans doute que l'opinion publique est faite et tout le monde sait maintenant que toute cette affaire n'a été suscitée que pour détourner l'attention du Ministre de la faillite de la colonisation feillettiste et des monstruosités de son administration. Nous sommes d'accord. Mais, à mon avis, il y a d'autant plus lieu de consigner les chinoiseries de l'enquête. Il y va de l'intérêt de la colonie.

Les publications successivement faites à l'occasion du rapport des fameux enquêteurs (si bien choisis pour la circonstance), étaient de nature, semble-t-il, à provoquer des protestations ou des rectifications qui ne se sont pas produites. Les télégrammes, les dépositions souvent bien compromettantes, qui ont été publiés, auraient pu être inexactement rapportés. Il n'en est rien; personne n'a réclamé, ni rectifié, si ce n'est le R. P. Berne au sujet de la phrase qu'on veut faire croire sortie de sa bouche.

Tablons donc sur ces documents et voyons quelques-unes des réflexions qu'ils suggèrent.

Il reste établi que M. de Sainte-Marie a remplacé les prescriptions réglementaires du service des finances en matière d'impôt, — prescriptions si rigoureuses dans leur grande sagesse — par une sorte de contrainte par corps préalable appliquée aux chefs de tribus, rendus responsables pour l'occasion, alors qu'en d'autres temps, l'Administration a tout fait pour anéantir leur autorité et leur prestige.

En principe d'ailleurs, l'impôt de capitation ne peut engager d'autre responsabilité que celle du contribuable *individuellement*. Contre ce principe aucun arrêté ne peut prévaloir.

Avant de recouvrer l'impôt, il eût donc été de la plus élémentaire équité d'établir l'existence des imposables et de délivrer des cotes personnelles. Rien de cela n'a été fait. M. de Sainte-Marie a perçu par menaces, voies de fait, pénalités plus ou moins illégalement appliquées : il a donné des reçus, même sans aucun contrôle sur le trop ou le moins perçu, réunissant dans sa personne la double qualité de comptable, sans comptabilité et de percepteur ambulant. Dans l'exercice de cette double fonction, il a exigé le versement global, sans liste nominative, sans émargement, sans registre à souche.

Ces formalités sont bonnes pour les Européens, dira-t-on?

Pardon, si les Indigènes sont imposables, il leur est dû d'autant plus de garanties qu'ils sont moins capables de se défendre, surtout contre l'Administration, bien qu'elle soit leur tutrice.

Avec de pareils moyens de perception, comment l'indigène pourrait-il éviter une seconde perception, il n'aurait eu, le cas échéant, qu'à payer deux et trois fois même, ou bien..... la carabousse, la prison.

Considérons maintenant les pénalités appliquées aux chefs canaques. Ils ont été punis, *pour mauvaise volonté évidente*, de huit jours, quinze jours de prison, et 25 ou 50 francs d'amende.

Cherchez dans le Code, les délits qui entraînent ces condamnations et vous serez effrayé de la disproportion entre le motif invoqué et la pénalité appliquée.

Où est d'ailleurs l'évidence invoquée? Une pénalité

aussi grave doit se justifier; où, quand et comment les chefs ont-ils fait preuve de mauvaise volonté?

Et ceux qui sont créanciers de l'administration qui affirment n'avoir aucune ressource, qui ne possèdent même aucune réserve; ils subissent le même traitement, sans aucune circonstance atténuante! Les chefs ne savaient pas encore ce qu'on leur voulait, que déjà ils étaient sous les verroux. Où est la mauvaise volonté évidente?

Cependant on a fait dire à ces malheureux terrorisés : *M. de Sainte-Marie a agi dans le bien du service.* Si ce n'était navrant, ce serait tordant de les entendre répéter, en véritables perroquets bien éduqués, la phrase que le souffleur maladroit, n'a pas même su rendre vraisemblable. L'indigène tyrannisé, mais cependant reconnaissant, aurait aussi, paraît-il, baisé la main qui l'a frappé, parce qu'il a compris que *l'intérêt du service,* exigeait le paiement de l'impôt, le paiement de l'amende et son emprisonnement. Quelle énorme plaisanterie!...

Comme chez Nicolet, ça va de plus en plus fort. A Touho, la gendarmerie reçoit des réquisitions pour procéder à des arrestations avec adjonction de pénalités (15 jours de prison et 50 fr. d'amende), sans qu'aucun motif soit indiqué; réquisitions émanant d'un fonctionnaire sans mandat, obligé pour les justifier, d'usurper le titre et les prérogatives du Chef de Service! (Télégramme n° 386). Usurpation constatée par le titulaire. Mais les loups ne se mangent pas entre eux!

Et dire que la Commission a senti le besoin de découvrir une cause occulte, alors que les causes apparentes et réelles s'étalaient avec une évidence, dans ce cas aussi criante! Ce qu'il y a de surprenant, c'est que M. de Sainte-Marie ait rencontré au début aussi peu de résistance; sans doute les premiers chefs, pris à l'improviste, ont subi la contrainte passivement et leurs sujets, aussi surpris qu'eux-mêmes, n'ont pas eu le temps de songer à les délivrer.

Si M. de Sainte-Marie eût débuté à Wagap et eût employé les mêmes moyens de perception, qu'envers le Chef de Tiéti, il est tout à fait vraisemblable que la résistance se fût rencontrée à Ponérihouen et à Houaïlou; les mêmes causes auraient produit les mêmes effets, bien que l'état de pénurie de la tribu de Wagap, sa situation de créancière de l'Administration puissent suffire à expliquer le refus de livrer leur Chef...

Quatorze chefs ont été emprisonnés; une demi douzaine ont été *condamnés à des années d'exil.* Décidément l'impôt de capitation n'aura pas été recouvré sans quelques difficultés; les Depoisier et Lamadon y ont même ajouté leur petit appoint; ils ont fait du zèle, comme M. de Sainte-Marie et ils ont menacé les indigènes d'un retour en armes, pour le flingotage. L'Administrateur administre des horions et des gros mots; les gendarmes renchérissent et menacent du fusil. Il est vrai, qu'ils sont dévoués et qu'ils nient comme de beaux diables. Il ferait beau voir qu'ils avouent alors que le Maître a dit « qu'ils le paieraient, si c'était vrai ».

Interrogé sur le coup de pied qui lui a été allongé par M. de Sainte-Marie, le chef de Tiéti a remercié rétrospectivement, disant que ce coup de pied a été donné *dans l'intérêt du service;* c'est aussi dans l'*intérêt du service* que le gendarme nie.

Après cela on vient vous parler de causes occultes pour expliquer l'agitation des tribus de la côte Est!!!

Ne voilà-t-il pas des causes suffisantes d'agitation et de troubles? Le sens commun ne dit-il pas, qu'arrivée à ce point, la Commission eût dû se sentir éclairée et clore son procès-verbal?

Mais il fallait servir les volontés du Maître. Pour prouver on a trouvé les causes occultes et on a fait un PROCÈS DE TENDANCE.

UN COLON.

La France australe, 20 février 1900.

On soupçonne bien que les événements de Wagap auxquels on avait donné, à dessein, des proportions considérables, et d'où la politique maladroite du Gouverneur tirait des conséquences si graves, eurent un contre-coup malheureux dans toute la colonie. La publication intempestive et peut-être illégale du Rapport de l'enquête dans *le Journal officiel,* produisit une agitation profonde. La presse s'empara de ce mouvement d'opinion, et il y eut, de part et d'autre, de regrettables attaques.

Nous avons suivi cette polémique dans les journaux de Nouméa ; et ce n'est pas sans quelque tristesse que nous avons assisté à cette lutte de partis, dont la France australe aura certainement à souffrir dans ses intérêts politiques. Qu'on en convienne ou qu'on n'en convienne pas, l'Angleterre nous guette, et c'est avec une satisfaction mal contenue qu'elle assiste au mouvement progressif de ces divisions, qui nous affaiblissent en même temps qu'elles détournent notre attention du danger qui menace la colonie.

La Mission, c'est le catholicisme. Mais le catholicisme, à l'étranger, c'est la France ; et le protestantisme, c'est l'Angleterre. Nous pouvons nier ce sentiment général, nous ne le détruirons pas. C'est une sorte d'instinct auquel obéira toujours la conscience des peuples (1).

Ruiner le catholicisme en Nouvelle-Calédonie, c'est donc ouvrir la porte aux protestants. Voilà le résultat le plus clair obtenu par ceux qui font campagne contre les Missionnaires.

C'est aussi ce qui explique l'indignation de ceux qui ont cru devoir prendre fait et cause pour la Mission contre

---

(1) Il est de notoriété publique que partout où se produit la même situation, en Océanie, dans l'Ouganda, comme à Madagascar, *protestant veut dire Anglais, catholique veut dire Français...* Le *Standart* lui-même ne publiait-il pas, à la fin de l'année dernière, une lettre de l'évêque anglican de l'Afrique orientale, disant textuellement que, *du reste, par catholique on entend Français* et que la question *religion était au fond de la question nationale?* » (*Nouvelle Revue,* 1er mai 1893, p. 190.)

l'autorité locale. Nous choisissons au hasard, deux articles empruntés à *la France australe ;* ils sont l'écho des sentiments de la grande majorité des colons en Nouvelle-Calédonie.

A propos de l'Enquête.

, « Le fervent » de *la Calédonie,* dont le masque, plus que transparent, cache très mal la figure du Gouverneur, s'est attaché en deux longs articles, à préparer l'esprit public pour la suite à venir, sur l'enquête et sur le rapport des enquêteurs.

Comme préambule, il a parlé du passé.

Voyons un peu ce passé après lui.

Deux gouverneurs, sous l'Empire, ont cherché noise aux Missions catholiques dans nos possessions de l'Océanie :

1° L'homme de Saumur, échappé de sa peine et nommé par faveur spéciale au commandement des Établissements français, grâce, dit-on, à son mariage avec une jeune personne particulièrement sympathique à Sa Majesté ;

2° Guillain, l'homme aux expériences impériales, socialiste mâtiné de Fourriérisme et de Saint-Simonisme, imbu d'idées particulièrement hostiles à la religion, inventeur du fameux phalanstère d'Yaté dont le piteux essai, sur la cassette de Napoléon III, a eu pour seul résultat de faire périr de misère les gens de bonne volonté venus, eux aussi, à l'appel d'un *apôtre.* La dernière femme européenne victime de cette utopie est aujourd'hui mariée avec un Canaque des Nouvelles-Hébrides et court les récifs, en compagnie des indigènes de l'endroit, pour y chercher sa misérable existence.

L'homme de Saumur a laissé à Tahiti l'impérissable souvenir d'un fêtard, se livrant à toutes les orgies, allant nocer à gueule que veux-tu, sur la station d'Amaouo, propriété d'un planteur de café, dont la déconfiture a suivi de près le remplacement de son illustre protecteur. La burlesque administration de ce personnage a donné lieu à Papeete à toute une série de véritables révolutions. Usant et abusant des pouvoirs, alors existants, que le gouverneur Feillet a voulu restaurer en 1897, ce remarquable commandant expulsait et emprisonnait Français et étrangers suivant la fantaisie qui lui passait par la tête. Les Missionnaires ont eu, paraît-il, quelques démêlés avec lui. Le contraire m'eût étonné. — Inutile d'insister, n'est-ce pas, sur ce premier souvenir du fervent catholique.

M. Guillain a fait à la Mission une guerre tout aussi injuste que celle qu'on lui fait à l'heure actuelle. Les vieux colons *de bonne foi* pourraient au besoin en témoigner.

La Mission a eu raison partout, à cette époque, aussi bien en France que dans la colonie, et toutes les réparations lui ont été données.

M. Leboucher, l'un de nos précédents gouverneurs, alors chef de bureau à la Direction de l'Intérieur, fut très activement mêlé à cette campagne. Il en a parlé deux fois devant moi pendant la période de son gouvernement; dans ces deux circonstances, *il a reconnu l'erreur commise, cherchant seulement à l'expliquer.*

Il y a, d'ailleurs, chose jugée; à deux reprises différentes, la justice a été appelée à se prononcer : sa première décision a été rendue par le tribunal criminel de Nouméa sur la plaidoirie de Mᶜ Dézarnaulds père, qui certes ne peut être soupçonné de partialité;

La seconde, par le Cour d'appel avec le concours de quatre assesseurs, notables habitants de la colonie, au nombre desquels se trouvait M. Caulry.

Quant aux événements de 1896, — les fameux incidents d'Ina, — on a voulu les mettre sur le compte de la Mission. Le Gouverneur intérimaire, M. Lefol, s'y est même employé de son mieux, poussé qu'il était par ses amis de la loge et par le *pion* parpaillot, qui montait la garde à ses côtés sous prétexte de conserver ses archives.

Malgré les incitations dont il fut l'objet, M. Lefol ne crut pas devoir se contenter de simples hypothèses et des méchantes insinuations dont on poursuivait déjà la Mission, pour la traiter *ouvertement et officiellement* en ennemie. Dès ce moment, on demandait une enquête. M. Lefol a eu le très grand tort de ne pas faire droit à cette demande. Bien des difficultés auraient été évitées, et l'opinion publique aurait eu quelques chances d'être bien et réellement éclairée.

Mais le terrain n'avait pas été préparé comme à l'heure actuelle ; tout était à craindre des déclarations à recueillir. Le gouverneur intérimaire a préféré en venir à un appel au peuple ; il a fait son petit coup d'État et le peuple, réuni dans ses comices, lui a répondu d'une façon particulièrement éloquente en ramenant à leurs sièges les conseillers qu'on avait chassés. — L'ère de l'asservissement n'était pas encore venue !

Du rapport Arnaud, dont on parle tant, rien à dire. Nous attendons de le connaître, pour en parler à notre tour. Cependant, à en juger par les résultats, il est permis de croire qu'il ne ressemble nullement à ce qu'on en dit.

« Le fervent catholique » de *la Calédonie* s'empare aujourd'hui de tous ces faits, les arrange à sa manière et déclare, sur un ton presque larmoyant, que, si on avait fait en 1896 ce qu'on vient de faire en décembre 1899, tout serait fini depuis longtemps. — Les hommes de l'époque n'auraient jamais consenti à s'associer à une pareille manœuvre et si M. Lefol avait fait en 1896 ce qu'on vient de faire en 1899, il aurait été honni comme le gouverneur actuel l'est à l'heure présente par tous les citoyens véritablement dignes de ce nom.

Ce coup d'œil d'ensemble sur le passé nous amène tout naturellement à considérer l'attitude de M. Feillet à l'égard de la Mission catholique depuis son arrivée dans la

colonie. — De quel sentiment était-il armé lorsqu'il a dé-
barqué parmi nous?

Des meilleurs, — en apparence du moins! — Mais
cette apparence était trompeuse et les manifestations hostiles ne tardèrent pas à se produire. — En mainte et
mainte circonstance, M. le gouverneur Feillet a marqué
cette hostilité par des paroles plus qu'agressives et par le
soin avec lequel, aidé de son secrétaire-archiviste, il s'est
mis à la recherche de quelque chose à relever contre la
Mission en général et les Missionnaires en particulier.

Il n'a rien pu trouver et, désespérant d'arriver par ce
moyen, il s'en est pris à la religion en même temps qu'aux
religieux. Alors nous avons eu la publication de l'immonde journal que l'on sait, — l'envoi dans les tribus
canaques de *teachers* (1) protestants, bien choisis, ceux
précisément qui s'étaient signalés aux Loyalty pour leurs
idées particulièrement anglophiles et qui, pour ce motif,
avaient été internés à l'île des Pins ; — pour prix de leur
liberté, on leur a demandé de se charger d'enseigner, à
leur manière, le protestantisme sur la grande terre. La
distribution dans les chrétientés canaques des illustrations
pornographiques publiées à Paris à l'instigation de la
franc-maçonnerie protestante ; — la fameuse pétition qu'on
cherche aujourd'hui à renouveler en l'aggravant et dans
laquelle, n'osant encore aller plus loin, on sollicite le
remplacement des Pères Maristes par des membres du
clergé séculier, etc., etc., tout cela pour combattre l'influence catholique et faire perdre aux habitants de ce
pays leur attachement à leur religion.

Vivement effrayé par la mise en œuvre de pareils procédés, le ministre Lebon a donné l'ordre d'enrayer le
mouvement ; pour lui le moment n'était pas encore venu.
— On se rappelle la fameuse dépêche !

---

(1) Catéchistes protestants, précédemment condamnés et expulsés pour
leur zèle dangereux.

La clique officieuse a alors changé d'allures; la feuille immonde a été supprimée et *la Calédonie* elle-même a mis une sourdine à ses attaques. Mais on a continué à tout rapporter à la Mission dans les événements qui se sont succédé, la mêlant à tout par ordre supérieur, l'accusant à tout propos, la chargeant des choses qui lui sont les plus étrangères, et insinuant *surtout* par tous les moyens sa prétendue hostilité à la colonisation, à la revision des réserves canaques, à l'impôt de capitation, etc., etc. — Cette galeuse, cette pelée, cette tondue!... Bientôt, tous les efforts se sont portés sur ces derniers points.

On préparait ainsi le terrain, en attendant l'occasion propice pour compromettre la Mission, lui tomber dessus et essayer d'en avoir raison. — Le mot d'ordre une fois donné, on a chauffé les esprits, excité les intérêts, aiguisé les appétits, flatté les passions, satisfait les désirs; prenant ensuite prétexte d'un incident auquel on a pensé qu'il deviendrait facile de mêler les Missionnaires, on s'est empressé de tout mettre à point pour tenter d'en venir à une exécution.

Dès le début de cet incident, un cri de triomphe est parti du cabinet du Gouverneur : « Enfin, je les tiens, s'est écrié le despote; ils ne m'échapperont pas! » — et, à partir de ce moment, le mouvement de s'accentuer, les manœuvres de se succéder, les artifices de se monter pour faire mousser l'enquête ordonnée, dont nous parlerons ultérieurement aussi bien que du rapport qui en a été la suite.

Dans tous ces préliminaires, il n'y a que perfidie facile à démasquer, dont les effets ne peuvent porter.

Mais, si nous sommes bien renseignés, la majorité Feilletiste du Conseil général vient de se rendre coupable d'un acte inqualifiable. Il importe de le dénoncer sans plus de retard à l'opinion publique.

Honteux de ce qu'ils allaient faire, les représentants du

pays se sont réunis en cachette pour prêter la main à l'étranglement de la Mission, et ont délibéré dans l'ombre et le mystère ; de cette délibération est sorti un factum très certainement rédigé dans l'officine gouvernementale *au nom de tous les Conseillers généraux,* alors cependant que ceux qui auraient pu utilement ouvrir la discussion avaient été soigneusement écartés de la séance. Dans ce document, on a entassé mensonges sur mensonges, et, après avoir trompé le pays auquel ils ont caché leurs sourdes menées, les Conseillers généraux Feilletistes veulent encore tromper le ministre auquel ils s'adressent.

Voilà vos élus, citoyens électeurs, voilà l'honnêteté de ceux qui vous représentent ; voilà leurs procédés ténébreux, leurs moyens insidieux, les actes dont ils sont capables, — eux qui ont le toupet de traiter de Basiles leurs adversaires.

Paul GUIRAUD.

La France australe, 29 janvier 1900.

Les chinoiseries de l'enquête.

Chinoiseries? direz-vous. Eh oui... pour ne pas prendre trop au sérieux les crocs-en-jambe, les entorses au sens commun et aux règlements. En voici quelques-unes :

La publication d'un dossier administratif personnel est sans exemple ; la divulgation en est sévèrement interdite ; elle a rencontré certainement au conseil privé plus d'une opposition.

Un administrateur est accusé d'abus de pouvoir. Il est en mission — mission d'un caractère douteux, qu'aucun acte administratif n'a sanctionné et pour cause.

Une commission d'enquête est nommée (citons l'officieux

plus explicite, plus clair que *l'Officiel :*) « pour examiner
« sur place les abus de pouvoir reprochés à M. de Sainte-
« Marie. »

De son côté, le rapport dit : « Le but de cette enquête
« administrative était uniquement d'examiner ces actes
« (reprochés à M. de Sainte-Marie) et de savoir quelle
« était la part de vérités contenue dans les griefs des
« indigènes ».

Conforme est la composition de la Commission. Deux
officiers supérieurs, un fonctionnaire du grade et du corps
de l'accusé pour assurer les droits de la défense.

La Commission choisira son secrétaire *sur place*...??
Que signifie cette dérogation à la règle? Il y a anguille
sous roche. Elle frétillera au moment voulu.

Cueillons quelques perles dans ce poétique rapport.
« Dégagés de toutes les circonstances parasites dont ils
(*les actes* de M. de Sainte-Marie) étaient environnés... »

Parasites? de qui...? sur quoi...? évidemment le coup
de pied de M. de Sainte-Marie était un parasite sur le
postérieur du chef qui l'a reçu. Si on « *dégage* » cette
circonstance, on peut en déduire qu'il ne reste rien. Est-
ce le motif en vertu duquel M. le Président conclut
« *qu'ils ne présentent aucun caractère de gravité* »? Ou cela
veut-il dire simplement qu'il n'y pas eu de lésion locale?

« Nous n'entendons pas examiner en vertu de quels
« pouvoirs M. l'administrateur de Sainte-Marie a cru
« pouvoir prononcer des punitions de prison et d'a-
« mende... »

Pardon, monsieur le Rapporteur, permettez, vous
n'avez pas été envoyé, il me semble, dans un autre but,
vous venez de le déclarer; passons, mais avec regret.

« Nous ne pouvons sur ce point (toujours les mêmes
actes) que renvoyer aux termes de sa déposition. »

Procédé commode, en vérité, que je recommande à
tous les fonctionnaires en semblable posture. Préparez
une déposition aussi favorable que possible à votre cause,

la Commission l'accueille gracieusement et déclare : « nous n'avons pas à examiner ».

M. de Sainte-Marie *administre* au chef François un coup de pied dans le dos — ou plus bas, attendu qu'il est petit, — il est excusé pour cette raison, qu' « il n'était pas dans l'exercice de ses fonctions ».

Sans doute M. le Rapporteur estime que ce chef devait se trouver fort honoré ; que le contact de l'auguste pantoufle de M. l'Administrateur était une distinction honorifique ; car enfin de quel droit M. de Sainte-Marie, simple particulier, distribuerait-il des coups de pied, fût-ce aux chefs indigènes, qui autrefois faisaient mettre à mort celui qui les avait touchés ? On sait que le massacre de la famille Pascal, à la Dumbéa, n'a pas eu d'autre cause qu'une voie de fait à l'égard d'un chef...

Si M. de Sainte-Marie n'était pas dans l'exercice de ses fonctions, et rien ne permet en effet d'affirmer le contraire, en vertu de quel droit ce simple particulier s'est-il permis de requérir la force publique et d'infliger, suivant son bon plaisir, les mêmes pénalités que s'il eût encore rempli les fonctions de chef de service ?

Impossible qu'un fait aussi grave ait échappé à l'attention de l'éminent magistrat qui présidait.

Mais il a, dans son rapport, négligé d'allumer sa lanterne. Une explication s'impose.

Bornons là nos réflexions relatives au bill d'indemnité accordé à M. l'administrateur ou à M. de Sainte-Marie. Nous n'avons pas à rechercher, comme dit le rapport, à quel mobile a obéi la Commission ; constatons seulement que sa tâche est terminée, son mandat rempli ; elle n'a qualité vis-à-vis d'aucun autre fonctionnaire et la procédure des commissions d'enquête est inapplicable aux particuliers régis par le droit commun.

Méconnaissant ces principes, la Commission démasque de nouvelles batteries, traduit à sa barre des *témoins* qu'elle transforme, de sa propre autorité, en *accusés*.

Ceux-ci sont des membres du clergé; ils ont un chef de service reconnu par l'État et l'on enquête contre ses subordonnés sans l'avoir avisé, sans que les accusés soient représentés au sein de la Commission qui non seulement sort de ses attributions, mais fonctionne avec une composition irrégulière. Quelle valeur peut avoir cette procédure?

Comment M. le Chef du service des affaires indigènes, qui représente les intérêts de M. de Sainte-Marie, la partie adverse, peut-il demeurer juge?

La Commission sent si bien ce vide de constitution que *par quatre fois* elle proteste de son impartialité! de son indépendance!!

Et voilà les preuves.

Elle découvre, à côté d'une cause « *apparente* » une cause « *occulte* ». Pas si occulte que ça! Et pourquoi la cause apparente n'aurait-elle pas suffi à elle seule?

Plus loin : « La cause des troubles réside dans l'action « de quelques meneurs, instruments des Missionnaires... « Leur mobile a été, en dehors de l'obéissance à un mot « d'ordre venu de haut, qui est dans le domaine des pro- « babilités... »

La Commission a donc pénétré l'état d'âme des indigènes meneurs, des Missionnaires, de leur chef, à quelques centaines de kilomètres. Tous ont menti dans leurs dépositions, mais la Commission avait son objectif braqué sur leur conscience et elle l'affirme.

Mais s'il y a eu un mot d'ordre venu de haut, pourquoi ne s'est-il pas manifesté à la Conception, à Saint-Louis, à Unia, Thio, Nakéty, les Loyalty, Boudé, Bourail, etc. Pourquoi y a-t-il eu des nuances dans la résistance? Quand on voit voltiger la pensée des gens, on est tenu de tout expliquer.

C'est donc la *Mission* qui devient l'objet de l'enquête et pour mener sa tâche à bien, la Commission s'est adjoint comme secrétaire le *seul* ennemi avéré, affiché des Mis-

sionnaires, parmi les colons du voisinage. A bon enten-
deur...

La *Mission*, qu'est-ce que cette entête en l'espèce? A-t-
elle une existence administrative?

C'est un moyen commode pour engager les responsabilité sans se compromettre.

Suivant les cas et les besoins, on met en cause le *P. B.*
ou le *P. C.* ou la *Mission*, ou les *hommes dévoués à la
Mission*.

Tantôt les indigènes sont des témoins irrécusables,
tantôt leur déposition est *visiblement inspirée;* toujours la
double vue.

Topique, l'histoire du gendarme qui s'est oublié jusqu'à menacer les indigènes de les *flingoter*, comme si
cette expression ne portait pas par elle-même sa caractéristique et pouvait sortir d'une autre bouche!

Aussi la Commission n'ose-t-elle le confronter avec les
indigènes qui ont entendu le propos.

D'ailleurs, M. le Président n'est pas embarrassé pour
si peu. Le **P. B.** affirme, le gendarme nie ; tous deux sont
de bonne foi, dit M. le Président, nous connaissons cela ;
c'est la *cristallisation du souvenir*. Je recommande aux
débiteurs en détresse une aussi séduisante théorie ; elle
doit être très connue à l'île Nou.

Il y a peut-être néanmoins, après avoir transformé des
témoins en accusés, quelque... témérité à accepter la négative d'un accusé, — car le gendarme dans la circonstance n'est pas autre chose — et à la mettre *au-dessus*
des affirmations des témoins. Si M. le Président applique
ce principes en cour d'assises, je ne plains pas les
accusés.

Après cela on peut, je pense, tirer l'échelle.

Mais, me direz-vous, quelle conclusion pratique?

Simplement que l'enquête composée et ayant fonctionné contre M. de Sainte-Marie, tout le reste n'a aucune
valeur, aucune autorité ; que les personnes mises en

cause ont, au minimum, le droit de réclamer un Conseil d'enquête adéquat à leur situation, après entente de l'Administration avec leur chef de service.

Ce serait de la justice et de l'impartialité, mais l'arme qui déjà fait long feu raterait complètement.

Permettez-moi de signer pour quelques jours encore.

RONDECUIR.

La France australe, 30 janvier 1900.

Cette brochure était déjà sous presse, quand nous eûmes la bonne fortune de lire, dans la *Revue des Deux-Mondes* (livraison du 15 avril), un article magistral de M. René PINON, sous ce titre : « La France des antipodes ». Nous n'avons pas à rappeler ici la rare compétence de l'auteur dans les questions coloniales. Qu'il nous suffise de remarquer avec quelle calme et lumineuse impartialité il a su exposer ici la situation de la Nouvelle-Calédonie. La gravité des derniers événements n'a pu lui échapper ; et, sans méconnaître les mérites de l'administration coloniale sur d'autres points, il a suffisamment dégagé la Mission des reproches qu'on lui fait.

Nous empruntons donc à cette *Revue* les pages suivantes, tirées de « La France aux antipodes » :

Calme et bleue au milieu du flot qui se brise sur sa ceinture de corail, la Nouvelle-Calédonie, à plusieurs milliers de lieues de la mère patrie et de ses agitations, ne devrait, semble-t-il, percevoir qu'un écho atténué de nos querelles politiques et religieuses. Il suffit de lire les journaux de l'île, de feuilleter les comptes rendus du Conseil général ou les discours même du gouverneur, pour éprouver la désillusion du voyageur de La Bruyère, entré dans la petite ville qui lui apparaissait si sereine et si riante du haut de la colline prochaine. La Nouvelle-Calédonie est déchirée par la bataille des partis, et les esprits sont d'autant plus intraitables qu'à des passions acclimatées de France se mêlent des luttes d'intérêts et d'influence locale (1). Le représentant de la France lui-même, arbitre et pacificateur suprême de par sa haute fonction, semble parfois prendre l'attitude d'un chef de parti. Parmi les journaux, les uns parlent couramment du « parti feilletiste, » les autres du « parti clérical » ou du « parti hostile à la colonisation libre ». Nous ne nous arrêterions pas à ces querelles, si elles n'étaient que le contre-coup des passions continentales ou que la suite des entreprises coutumières de la « loge » contre l'évêque, mais elles atteignent les intérêts vitaux de la colonie.

Si l'on parcourt les feuilles patronnées par l'administration ou les discours de M. Feillet, le retour perpétuel des mêmes reproches laisse apercevoir le fond même du litige; c'est aux missionnaires et à leurs amis qu'il est fait allusion quand on parle des « adversaires de la colonisation libre, » et, par deux fois, en 1897 et dans son dernier discours, le gouverneur, usant de la même formule, a dit : « Les excitations n'ont pas été épargnées aux Canaques, et il serait prudent, pour les adversaires de la colonisation libre, de quitter désormais ce terrain aussi dangereux pour eux que pour la colonie... Bien qu'ils continuent avec un zèle inlassable, — j'en ai la preuve, — les excitations sinon à la révolte, du moins à la désaffection, au mécontentement, à l'hostilité sourde, tout le monde sait bien aujourd'hui que cela n'est plus possible. » Voilà donc des griefs bien nettement formulés; quant aux preuves, toujours annoncées, elles n'ont jamais été produites. Et comment pourrait-on croire que les missionnaires qui ont donné l'île à la France, qui ont fait des sacrifices pour la colonisation, qui ont eux-mêmes, à Saint-Louis, un établissement agricole modèle, soient les « adversaires de la colonisation libre? » Est-il possible d'admettre qu'un homme comme Mgr Fraysse que les gouverneurs les moins « cléricaux » ont toujours considéré comme le meilleur ouvrier de l'œuvre française en Nouvelle-

<hr>

(1) On s'étonne, en présence de cette situation, de lire, dans les premières lignes du discours du gouverneur du 6 novembre 1899 : « Nous sommes en pleine paix morale. » Quelques passages du discours lui-même sont bien la preuve du contraire.

Calédonie, nourrisse de tels desseins contre « la colonisation libre » et excite les Canaques à une révolte où les missionnaires ne seraient pas épargnés? Outre que l'évêque et ses prêtres protestent énergiquement contre une pareille supposition (1), il semble évident qu'il ne saurait y avoir là qu'un malentendu dont les origines sont, après ce que nous avons dit, faciles à apercevoir. La question des indigènes est la cause première de la querelle. Aux yeux du missionnaire, le Canaque est avant tout un homme dont l'âme vaut celle de l'Européen ; il aime l'indigène de toute la force de sa charité chrétienne, comme une créature de Dieu promise à la vie éternelle ; il est devenu tout naturellement le confident et le conseiller des tribus catholiques. Et comment lui ferait-on un crime de défendre, lorsqu'il les croit lésés, les intérêts matériels et moraux des Canaques? L'administration, naturellement, et sans qu'on puisse lui en faire grief, est portée à considérer les indigènes au point de vue de la main-d'œuvre, ou au point de vue de l'impôt ; même avec la meilleure volonté d'être paternelle, elle représente la race conquérante.

Témoins sur place des froissements peut-être inévitables et des injustices partielles qui accompagnaient l'opération du « cantonnement » ou la levée de l'impôt de capitation, les missionnaires ont essayé de s'entremettre et, tout en donnant aux indigènes des conseils de soumission, ils se sont efforcés d'adoucir pour eux les exigences de l'administration ou de fléchir les rigueurs de la loi. Comment le leur reprocherait-on? On ne saurait non plus s'étonner que les missionnaires déconseillent aux indigènes qui les consultent de travailler chez certains colons, quand on sait comment quelques colons abusent de toutes façons des indigènes, ne se font guère scrupule de les exploiter ou de leur payer en alcool un salaire promis en argent ; les missionnaires, au contraire, poussent de toute leur influence les Canaques à travailler chez les colons honnêtes qui respectent en eux des créatures humaines et des chrétiens. Voilà les sources réelles du malentendu et l'on s'explique comment il a pu dégénérer en une guerre religieuse. Le gou-

(1) Voyez notamment la lettre de Mgr Fraysse, publiée dans *la Quinzaine coloniale* du 26 février 1898.

verneur, tout entier à ses louables efforts de colonisation agricole, assailli par les plaintes de planteurs en lutte avec les difficultés du début, irrité des critiques des adversaires de sa méthode, autoritaire d'ailleurs par tempérament, — il suffit de lire ses discours pour s'en convaincre, — et enclin peut-être, comme le sont tant de Français, à apercevoir partout la main du « clérical, » en vint très vite à considérer les missionnaires comme responsables des obstacles qui surgissaient, nous l'avons montré, par la force même des choses, à l'encontre de ses projets. Dès lors, la lutte contre le « cléricalisme » commença; *le Radical*, encouragé par l'administration, fut fondé pour déverser l'injure et la calomnie sur la mission; le Conseil général d'alors, qui, partisan en principe de la colonisation libre, n'approuvait pas tous les projets du gouverneur et les jugeait trop hâtifs ou mal adaptés à l'état réel du pays, fut deux fois dissous et enfin remplacé par une assemblée recommandable surtout par sa docilité. Chacun sait d'ailleurs ce que sont les élections dans les colonies et il est superflu d'insister. Il était moins facile de briser l'évêque que de changer la majorité dans une assemblée élue; le gouverneur, cependant, n'y a rien épargné : tantôt en provoquant une inspection du « Père visiteur » en résidence à Sydney, tantôt en portant ses plaintes à Paris et jusqu'à Rome, il a tenté de faire partir Mgr Fraysse et même de remplacer les missionnaires, qui ne coûtent presque rien à la colonie, par un clergé séculier, qu'il lui faudrait subventionner. Les résultats de cet antagonisme ont été désastreux : l'île s'est trouvée partagée en deux camps ennemis, l'un soutenu par l'administration et vers lequel glissaient, comme par une pente naturelle, les faveurs dont elle dispose, l'autre traité avec d'autant moins de bienveillance qu'il ne ménageait pas ses critiques; la partialité sembla devenir un système de gouvernement. On crut remarquer que le gouverneur, dans une de ses tournées aux îles Loyalty, se détournait des maisons des missionnaires et s'arrêtait de préférence chez les ministres ou chez les chefs protestants; on raconta que, dans une tribu très sauvage du nord de la Grande-Terre, il avait laissé entendre au chef qu'il ferait bien de ne pas aller chez le missionnaire. Ces bruits étaient la suite naturelle de la politique de M. Feillet : il était

notoire qu'il ne favorisait pas la mission et, tout naturellement, certains colons, fonctionnaires ou indigènes lui firent
l'injure de croire qu'ils seraient mieux vus et mieux notés par
lui en le dépassant dans son hostilité avérée contre l'évêque et
les Pères. La guerre « anticléricale » devint en Calédonie ce
qu'elle est dans certaines sous-préfectures ou dans certaines
communes de France : une série de vexations, de mesquine-
ries et de procès de tendances qui entretiennent l'esprit de
haine et sèment le mécontentement.

Sur la Grande-Terre, les indigènes étaient tous païens ou
catholiques, quand **M.** Feillet permit à des *teachers* protestants
des îles Loyalty de venir en Calédonie et de s'installer à Houai-
lou. Ces *teachers* sont des catéchistes indigènes, convertis par
les pasteurs à une religion très simplifiée, et qui, comme tous
les indigènes protestants de ces îles, ont gardé du long séjour
des révérends anglais, une sorte de patois britannique et la
notion de la supériorité de l'Angleterre sur tous les peuples.
Le séjour de la Grande-Terre leur avait été jusqu'ici sévèrement interdit : on exige bien de ceux à qui l'on permet aujourd'hui de s'y établir qu'ils connaissent le français, mais
comment les empêchera-t-on de baragouiner leur patois? Déjà
ils ont groupé autour d'eux, avec le bienveillant appui de l'administration, quelques indigènes, et l'on peut entendre dire à
leurs disciples que l'Angleterre est supérieure à la France, parce
qu'elle est protestante. Les journaux dévoués à l'administration célèbrent l'introduction des *teachers* comme une victoire
de la « liberté de conscience » et ils attestent les principes de
1789! Semer la guerre et la division là où régnait la paix et
l'unité, est-ce donc en cela que consiste la liberté de conscience? Introduire dans une île française des éléments fatale-
ment hostiles à l'influence française, est-ce là une œuvre patriotique?

Quand les passions politiques sont déchaînées, nulle force
n'en saurait contenir les dangereux excès; elles dénaturent
même les actes les plus innocents et conduisent aux pires
injustices. C'est ainsi, par exemple, qu'on vit le gouverneur
de la Nouvelle-Calédonie accuser officiellement (1) les mis-

---

(1) Discours du 3 novembre 1897.

sionnaires d'avoir incité à reprendre la mer deux colons à peine débarqués : il fut prouvé que les deux colons, pendant leur court séjour dans l'île, n'avaient eu aucun rapport avec la mission. Une mesure récente prive de bourses dans les établissements secondaires de l'État les anciens élèves des écoles libres, c'est-à-dire la majorité des enfants. Comment, après cela, s'étonner de certaines critiques malveillantes; comment empêcher les journaux peu favorables à l'administration de faire remarquer les attaches protestantes de M. Feillet, de souligner la qualité de protestants d'un instituteur et de sa femme qui viennent d'être mis à la tête d'une école d'instituteurs indigènes, ou encore de noter le nombre des protestants qui sont fonctionnaires de l'instruction publique en Calédonie? Comment répondre, lorsque les mêmes journaux se demandent si les querelles qui divisent la colonie ne seraient pas un effet de cette politique protestante et maçonnique dont personne n'ignore plus le rôle prépondérant dans l'histoire du *Culturkampf* français? Il ne nous appartient pas de discuter ici le bien fondé de pareils soupçons; mais, qu'ils naissent, c'est la triste conséquence de ces luttes religieuses dont Gambetta proscrivait sagement « l'exportation » et dont nous sommes obligés de constater les conséquences délétères.

René Pinon.

Revue des Deux-Mondes, 15 avril 1900.

CONCLUSION

A ceux qui ont bien voulu nous suivre jusques-là, nous nous permettrons de rappeler que les missions des Pères Maristes embrassent la Nouvelle-Zélande, les îles Fidji, l'Archipel des Navigateurs, la Nouvelle-Calédonie, les Nouvelles-Hébrides, les îles de l'Océanie centrale : Tonga, Wallis, Futuna, etc., et le dangereux Archipel des îles Salomon, récemment ajouté au champ déjà si vaste confié à leur dévouement. Ils arrivèrent en Océanie vers 1830.

« Dans un livre, dont les pages respirent l'élan et la foi de cette époque, l'amiral Aube a retracé à grands traits le portrait de quelques-uns des volontaires, trop peu connus en France, de cette nouvelle croisade pacifique.

« De tels hommes, dit-il, en se résumant, ne sont pas seulement l'honneur de la religion à laquelle ils ont donné leur vie, ils sont l'honneur de l'humanité tout entière ; leurs vertus sont de plus de poids dans la balance où se pèsent les destinées de notre race, que toutes les corruptions que le monde, le *wideworld*, étale aux yeux du voyageur. »

« Et maintenant, disait-il encore, si de ces hauteurs, nous descendons aux intérêts secondaires de cette étude, il nous sera facile d'expliquer pourquoi l'exposé de la situation des Missions y tient une large place. C'est que ces Missions sont essentiellement françaises ; c'est que, pour les missionnaires, comme pour les populations qu'ils dirigent, la France est toujours le représentant avoué du catholicisme , la plus puissante et la plus complète expression de son génie (1). »

Un autre officier rendait un témoignage semblable aux missionnaires en général :

« ... En butte aux basses jalousies du peuple , aux persécutions des autorités, soutenus par la seule force que donne la foi, quelques centaines de missionnaires cheminent isolément, semant partout la bonne doctrine. Malgré les difficultés innombrables accumulées sous leurs pas, la dignité de leur vie, l'abnégation de leur œuvre finissent toujours par leur concilier le respect et l'autorité.

« Et qu'on ne vienne pas dire que cette influence bienfaisante demeure stérile pour les intérêts généraux de la France ! Partout où réside le missionnaire, le nom de la France se fait connaître, le prestige s'affirme et s'accroît (2). »

Ne soyons donc pas étonnés que les missionnaires catholiques aient toujours eu pour adversaires les ennemis de la France à l'extérieur.

L'histoire coloniale nous dit qu'un jour, dans l'Indo-Chine, le grand mandarin Hoang-ké-vien , l'auteur des insurrections que nous eûmes à combattre au Tonkin, celui qui fit décapiter le commandant Rivière et Francis Garnier, demanda le renvoi des missionnaires qui gênaient sa politique.

« Le missionnaire congréganiste , disait-il , lui aussi, n'est pas français : il n'est que le serviteur des intérêts d'une congrégation. Que fait-il pour le pays? Rien ; bien différent en cela du missionnaire protestant, qui se marie, fait souche là où il réside. »

Le gouverneur d'alors soutint énergiquement les missionnaires. Or ce gouverneur, auquel on ne reprochera pas d'avoir été trop tendre pour les Congrégations, était

(1) *Entre deux campagnes*, par Th. Aube, p. 148.
(2) *Amiral Humann.* Discours au banquet des anciens élèves de Juilly, 27 mai, 1893.

M. Paul Bert. C'est que l'auteur des expulsions en France avait vu les religieux à l'étranger, et il avait compris à son tour, que l'anticléricalisme n'est pas « un article d'exportation » (1).

Tout administrateur habile ne pourrait-il pas dire aujourd'hui des missionnaires Maristes en Océanie, ce que le maréchal Bugeaud disait des missionnaires Jésuites en Algérie, en 1843?

« Quant à moi, qui cherche, par tous les moyens, à mener à bonne fin la mission difficile que mon pays m'a confiée, comment prendrais-je ombrage des Jésuites, qui, jusqu'ici, ont donné de si grandes preuves de charité et de dévouement aux pauvres émigrants qui viennent en Algérie, croyant y trouver une terre promise, et qui n'y rencontrent tout d'abord, que déceptions, maladies et souvent la mort?..

« ... Je demande à conserver *mes* Jésuites, parce que, je vous le répète, ils ne me portent nullement ombrage et qu'ils concourent efficacement au succès de ma mission. Que ceux qui veulent les chasser nous offrent donc les moyens de remplacer les soins gratuits et la charité de ces terribles fils de Loyola! Mais je les connais; ils déclameront et ne feront rien que de grever le budget colonial, sur lequel ils commenceront par prendre leurs bons traitements, tandis que les Jésuites ne nous ont demandé que la tolérance! (2) »

En Océanie, comme les Jésuites en Algérie, les missionnaires Maristes ne demandent que la tolérance.

(1) *Paul Bert au Tonkin*, par Joseph Chailley, Paris, Charpentier, p. 142.
(2) *Le Maréchal Bugeaud*, par d'Ideville, t. III, p. 310.

FIN.

www.ingramcontent.com/pod-product-compliance
Ingram Content Group UK Ltd.
Pitfield, Milton Keynes, MK11 3LW, UK
UKHW022335090726
13658UKWH00001B/280